FROYLÁN TURCIOS
CUENTOS DEL AMOR Y DE LA MUERTE

ERANDIQUE

LITERATURA

CUENTOS DEL AMOR Y DE LA MUERTE
Froylán Turcios

©Colección Erandique
Supervisión Editorial: Óscar Flores López
Diseño de portada: Andrea Rodríguez
Administración: Tesla Rodas y Jessica Cordero
Director Ejecutivo: José Azcona Bocock
Pintura de Portada: Las Calas del Maestro Dino Fanconi.

Segunda Edición
Tegucigalpa, Honduras—Septiembre de 2024

Al adorado y venerado espíritu de

LALITA,

luminoso en la eternidad,

Dedico

Este libro de cuentos crueles.

París,
11 de septiembre
de 1929

CONTENIDO

TURCIOS, EL MAESTRO DEL TERROR

Este es el cuarto libro de Froylán Turcios que publicamos en Colección Erandique. Al igual que El Vampiro, El Boletín de la Defensa Nacional y Memorias, Cuentos del amor y de la muerte confirman al escritor de Juticalpa como uno de los inmortales de la literatura hondureña.

Son cuentos intensos, extraños, impredecibles. Tenebrosos, algunos de ellos. "Crueles", como él mismo los llamó.

Sin ninguna duda, estamos hablando del maestro centroamericano del terror. En él nunca se sabe cuándo se cruza la línea que separa el mundo de los seres vivos al de los muertos.

Los relatos se desarrollan en varias ciudades y países del mundo: Juticalpa, Antigua Guatemala, Tegucigalpa, Argentina, Francia, Singapur..., estableciendo la universalidad de quien fuera, además de poeta-escritor, periodista, diplomático y defensor de la soberanía.

Han transcurrido noventa y cinco años de la primera edición de Cuentos del amor y de la muerte, y treinta y cuatro desde la segunda (realizada por Editorial Universitaria); para Colección Erandique es un honor y una alegría —y un orgullo— publicar esta obra que permitirá que los lectores hondureños, en especial los jóvenes, descubran la genialidad de Froylán Turcios.

"Este fue el último libro de cuentos que publicara en su vida, y en él se encuentran recogidos todos los relatos de Hojas de otoño, Tierra maternal y la mayoría de Prosas nuevas, además de otras narraciones publicadas en revistas de Honduras y del extranjero", señala el poeta e investigador José Antonio Funes en su libro Froylán Turcios y el modernismo en Honduras[1], ganador del Premio de Estudios Históricos Rey Juan Carlos I en 2004.

Considerado unánimemente como el mayor conocedor de la obra y vida de Turcios, Funes agrega en su libro que "En muchos de los relatos de Cuentos y de la muerte, no incluidos en libros anteriores, se percibe un lenguaje despojado de los adornos preciosistas y de los

---

[1] José Antonio Funes, Froylán Turcios y el Modernismo en Honduras, Tegucigalpa, Litografía López, Primera Edición 2006.

tópicos del decadentismo, aunque a veces, la oscilación, entre modernismo y postmodernismo se presta a muchas confusiones".

Lo que no se presta para confusión es el peso de la obra de Turcios en la literatura hondureña, el legado que dejó, la inmortalidad de sus relatos.

En ese sentido, esta colección de cuentos es para disfrutarla… y para llenarse de miedo y de escalofríos. La Muerte y El Diablo, lo oculto y lo desconocido, la fatalidad y los celos… y seres que uno no sabe si son de este mundo o del otro, deambulan sin preocupación alguna por las páginas del libro.

Hay amores que terminan en tragedia —como Florecita de Almendro—, suicidios inexplicables —como el de René Marín—, o el fallecimiento del *hombre que odiaba los placeres de los hombres,* después de pedirle a un gigantesco anciano que le regalara el sexto sentido.

Seres que nunca conocieron el amor… o que amaron demasiado.

Y, por supuesto, el pequeño gran relato, considerado el primer cuento corto en la historia de Honduras —La mejor limosna—, en el que un peligroso criminal, el Manco Mena, se encuentra cara a cara con el mísero leproso que recorre el pueblo en busca de una mano solidaria.

¡No se diga más! Inicie esta aventura de la mano del maestro del terror.

Le recomiendo poner un ojo en el libro… y el otro que se esté atento en permanente observación de lo que sucede alrededor, porque en cualquier puede llegar un fantasma y sin pedir permiso, se sentará a su lado y se pondrá a leer deleitado estos Cuentos del amor y de la muerte.

OSCAR FLORES LÓPEZ
EDITOR COLECCIÓN ERANDIQUE

EL DON JUAN DEL VAPOR

—Es el don Juan del vapor —murmuró el hombre de la gorra azul. El aludido, como si oyera la frase, volvió la cabeza.

Era el tipo clásico del petimetre de a bordo, del vulgar conquistador de muchachas inexpertas, del cínico tahúr internacional que vive magníficamente de la candidez de los imbéciles. Tendría unos treinta años: alto, ágil y altanero, paseábase con estudiada afectación, luciendo un traje llamativo y exótico.

Mario tuvo un sobresalto. Pensó en Carmen, tan jovencita y tan frágil, tan impulsiva en sus emociones, tan fácil para sentirse alucinada por las apariencias brillantes.

Habíase él embarcado en la noche anterior en Valencia, acompañando a su tía y a su prima, que regresaban a Centro América después de una larga permanencia en España. Iría con ellas hasta Cádiz, volviendo de allí a Madrid a continuar sus estudios de medicina. Pensamiento fijo y doloroso, que le retenía en perenne inquietud, era el de esa próxima ausencia. Amaba a su linda prima, recién salida de un convento, pura e ingenua como un niño. Se casarían dentro de dos años, al terminar su carrera, según la decisión de su tía Laura. ¡Dos años! Los miraba ante sus ojos alargarse con espanto, prolongarse en el vacío, perderse en la eternidad. ¿Por qué no realizar de una vez su ilusión? ¿Por qué exponer su dicha actual a los vaivenes de un futuro indeciso? ¿Acaso la vida no nos empuja a cada instante en sus traidores abismos y la muerte no nos acecha en la sombra ? ¡Deberíamos imponernos el deber de ser felices, gozando la ventura presente sin fiarnos del mañana! ¿Encontraría en Carmen, después de dos años de roce social, a la dulce criatura de alma transparente, que se ruborizaba por una frase apasionada y cuya timidez infantil era uno de sus profundos encantos? ¿Hallaría después en ella esa ciega confianza y esa ternura inalterable que iluminaban su espíritu de hombre envenenado por ya el análisis...? De carácter impetuoso y de caliente imaginación, sufría de un exceso de sensibilidad torturadora que amargaba sus placeres y hacía más intensas sus penas.

1

Dio algunos pasos sobre la cubierta, solitaria en aquella hora matinal, y se quedó largo rato abstraído en vagos sueños con la mirada en las lejanías brumosas que el sol empezada a dorar. Era poeta y toda expresión de belleza resplandecía en su alma. De pronto una idea obscura nubló su cerebro y bajó de prisa hacia los camarotes. Golpeó ligeramente el de su prima y contestó la madre:

—¿Eres tú, Mario? Voy en seguida. Carmen se levantó hace una hora.

Inquieto, volvió a subir, buscándola. La encontró al extremo del vapor. Cerca de ella un hombre, gorra en mano, le dirigía la palabra. Al acercarse y reconocerle, vibró de pies a cabeza.

La joven corrió a su encuentro.

—Alfredo Matos —dijo el intruso— presentándose. Pero Mario, sin mirarlo siquiera, tomó del brazo a su prima y se alejó con ella.

II

Caminaron, durante algunos minutos, en silencio...

—Óyeme, Carmen-murmuró, deteniéndose de pronto, muy pálido. En todas las travesías aparece un seductor profesional, un tenorio titulado que se divierte con las pasajeras fáciles. Son individuos amorales de la peor condición, jugadores de mala fe, ladrones anónimos, lacerados por los vicios más repugnantes. Viven de las aventuras audaces que les reportan oro y sensaciones. Recorren así todos los mares hasta que terminan en un presidio. Toman el aspecto de los caballeros, procurando imitarles, en sus actitudes y en sus trajes, para alcanzar éxito; pero a poco que se les observe se verá aparecer al rufián tras la envoltura engañosa. El desconocido que se acercó a ti hace un momento es uno de esos aventureros sin conciencia, cazadores de honras, que contaminan lo que tocan. Sabe ya que tienes quince años, que eres linda e inteligente, y, sobre todo, cándida, y te ha escogido para su presa segura en este viaje. Júrame cortar, en absoluto, toda relación con ese hombre, no tolerar su persecución ni con el más insignificante saludo.

—Te lo juro, Mario. Y te ruego perdonar mi inconsciente ligereza, que no se repetirá con ningún otro.

III

En Gibraltar hizo escala el Aragón a la mañana siguiente.

—Deseo conocer la extraña ciudad en que vivió Luna Benamor —rogó Carmen.

Y bajaron a tierra.

Recorrieron el puerto, comprando algunos objetos curiosos en las tiendas árabes. Y como en la tarde que fueran avisados de que el vapor haría allí una escala de setentidós horas, tomaron habitaciones en uno de los hoteles. El aventurero les seguía por todas partes y su aspecto petulante y su sonrisa burlona irritaban a Mario.

—Esto acabará mal —pensó éste.

—No hagas caso —aconsejaban las dos mujeres.

Pero en la noche, poco después de sentarse a comer, vieron a Alfredo Matos y a cuatro pasajeros ocupar la mesa de enfrente.

El conquistador, exasperado por media docena de copas de whisky y herido en su vanidad por la indiferencia de Carmen, se tomó cáustico y agresivo. Lanzó a Mario irónicos equívocos y mezcló su nombre en una broma insolente. El brazo derecho del joven temblaba sobre el mantel y su semblante palideció hasta ponerse lívido. Carmen se levantó.

—Retirémonos, Mario, te lo suplico...

En ese instante, Matos, que juzgó temor la actitud de su enemigo, avanzó con un ramo de claveles en la diestra.

—¿Me honrará la bella Carmen aceptando estas flores? Ella dió dos pasos hacia la puerta de salida.

Pero el hombre se interpuso con una risa brutal:

—No saldrá la desdeñosa...

Entonces sobrevino una escena terrible. Mario avanzó hacia el aventurero:

—Escuche —le dijo, con una voz cortante como el filo de un puñal—. ¡Le ordeno quedarse en tierra! Si regresa usted a bordo le juro que le mataré como a un reptil. Pongo a los señores como testigos de mi juramento. Ahora voy a castigar en usted a todos los bandidos que asaltan los vapores para seducir a las infelices muchachas que viajan sin protección, a los miserables cazadores de honras...

Y la acción ahogó su voz. Con la violencia del rayo se arrojó sobre él, destrozándole la cara a puñetazos y arrojándole al suelo a puntapiés. Loco de miedo, pudo al fin Matos levantarse, huyendo por la puerta de la calle entre las carcajadas de sus compañeros de mesa.

Ni éstos, ni nadie más en la extensión de los mares, volvieron nunca a verle.

SALOMÉ

Era una joven de rara hermosura que llevaba en la frente el sello de un terrible destino.

En su cara, de una palidez láctea, sus ojos, de un gris de acero, ardían extrañamente; y su boca, flor de sangre, era un poema de lujuria. Largo el talle flexible, mórbida la cadera, finos y redondos el cuello y los brazos, sus veinte años cantaban el triunfo de su divina belleza.

Cuando Oliverio la conoció en una alegre mañana del último otoño, quedóse sin aliento. Vibró en su ser hasta la más leve fibra y sintió que toda su alma se anegaba en una angustia insoportable. Ella pasó como una sombra errabunda; pero él nunca más volvería a gozar de la grata paz de antaño. La amó inmensamente, con cierta impresión de espanto, como si de improviso se hubiera enamorado de un fantasma.

Aquella noche tuvo fiebre. Pálidas mujeres de la Historia, creaciones luminosas de los poetas, blancos seres de legendaria hermosura, que duermen, desde remotos siglos, el hondo sueño de la muerte, llegaron hasta él, en lento desfile.

Vió pasar a Helena, marmórea beldad vencedora de los héroes; a Ofelia, cantando una tenue balada, deshojando lirios en las aguas dormidas; a Julieta, casta y triste; a Belkiss, incendiada de pedrerías; a Salomé, casi desnuda, alta y mórbida, de carne de ámbar, de áurea cabellera constelada de grandes flores argentinas, tal como la vió en el cuadro de Bernardo Luini.

Esta última figura llegó a producirle una alucinación profunda.

Comparó a la hija de Herodías con otra imagen de terrible encanto, pero viva y cálida, llena de sangre y amor; y un vértigo de sensualidad le hizo desfallecer dulcemente... Eran gemelas las dos vírgenes extraordinarias. Ambas tenían el cuerpos florido; ambas se hacían amar mortalmente por la gracia y por el aroma, y por la atracción embriagadora del sexo.

Era, no le cabía duda, un caso de metempsicosis...

Oliverio empezó a languidecer, devorado por un fuego interno. El arpa de sus nervios vibraba de continuo y su alma de silencio y de sueño se pobló de imágenes luctuosas. Él era de un temperamento raro y aristocrático, en donde florecían fantásticamente las rosas de la fábula. Era un esteta por su tenaz obsesión de belleza y por el culto de la palabra; y, desventuradamente, un voluptuoso. Su espíritu refinado, puro y excelso, sufría tormentos dantescos, vencido por la carne traidora. Llevaba en las venas —quizá por alguna obscura ley atávica— rojos ríos de lujuria; y en las horas demoníacas revolaba en su cerebro un enjambre de venenosas cantáridas.

El deseo que sintió por aquella adolescente fresca y sensual le hizo ver, desde el primer instante, el abismo en que iba a hundirse. La deseó de una vez con un ansia viril y fuerte. Soñó poseerla hasta hacerla llorar en el espasmo supremo, bajo la potente presión de la caricia fecunda; pero luego comprendió, por un hondo instinto, que el luminoso rostro de aquella virgen no le sonreiría nunca; y quedóse por mucho tiempo, por varios años, como muerto, aherrojado a su negro destino.

Él le escribió algunas cartas candentes, cartas llenas de sangrientos frenesíes, impregnadas de besos, de lágrimas y de voluptuosidad. Él le dijo su angustia en palabras de perfumada lujuria, que eran casi caricias sexuales; y en frases de espíritu, ligeras también en como alas. Le habló de sus altos sueños y del futuro de su gloria, si ella llegaba a ser suya. Quiso embriagarla con el fuerte vino de sus melodías verbales, despertar en ella la fibra de oro del ensueño y la fibra de sangre de la virginidad.

Y fueron aquellas cartas profundas maravillas de ingenio, en que el amor y el deseo decían una canción desconocida, en que las líneas parecían tener un alma, exhalándose del papel un perfume de pecado y de muerte.

—Si no me amas, te mataré —le decía—. Serás mía o de la tumba. Pero jamás podré soportar que otro hombre te posea. Tengo sed de tu espíritu, y sed y hambre de tu cuerpo. Sufro, amándote, un dolor agudo, una tortura diabólica. Necesito tu sangre y tus besos y tus lágrimas para vivir. ¿Quién soy? ¿Por qué aspiro a ti? No lo sé. Tú naciste en un palacio, entre sedas y púrpuras... Yo vengo del país de la Miseria y soy apenas un peregrino del ensueño. Pero mi amor sobrehumano me hace superior a los hombres... Dame el hálito de tu juventud, dame el divino tesoro de tu cuerpo y seré un dios...

Oliverio veía pasar los largos días obscuros abstraído en una sola visión interior. Insomne y taciturno, presa continuamente de la fiebre, llegó a no darse cuenta de la realidad para vivir una vida intensa en un mundo poblado de quimeras. En los fugaces intervalos de sueño, carnales escenas hacíanle dar gritos de espanto. La lujuria le mordía con su boca frenética.

Vió errar, una vez, por un paisaje deslumbrante, a Salomé, llevando en una amplia fuente de plata la lívida cabeza del Precursor. Él llegó a su lado, al impulso de un brazo invisible; y reconoció, en que aquella testa difunta, su propia cabeza.

Y la Salomé de la fábula no era sino la Salomé de su deseo.

Aquel terrible amor y aquel único anhelo imposible marcaron su rostro con un signo espectral. Y se puso pálido como la muerte. Pálido como la Muerte.

En una noche de luna y de silencio llegó a su oído de salió de su cuarto y vagó las calles desiertas, atraído por el imán de la armonía. Sentíase débil y próximo a lanzar el último hálito. La música resonaba dulcemente en el aire nocturno.

Encontróse de pronto frente a un vasto palacio en cuyos salones el baile ponía su nota de fuego. Oliverio pegó la frente incendiada a los cristales entreabiertos y quedó vibrante de duelo y de asombro. Fué, al principio, como un rápido deslumbramiento: después sufrió durante un siglo una pena inenarrable.

En un salón poblado de fulgores y de músicas, sobre la viva púrpura de las alfombras, aclamada por jóvenes elegantes, besada y profanada por sus ojos, bailaba Salomé su danza de sueño y de placer...

Casi desnuda, velada por un tul impalpable, mórbida y diáfana, como una gran rosa de fuego, movíase con languidez al compás de un ritmo enervante. El cuerpo felino y pálido, de movimientos lentos y lascivos, era un milagro de belleza y de impudor. Jamás mujer alguna había mostrado ante los ojos de los hombres un tesoro tan maravilloso de morbideces y de aromas. El cuello largo semejaba el tallo de un lirio; sobre la espalda columbina caía, en lluvia de oro, la profusa cabellera. Sus senos, erectos y floridos, eran dos pequeños vasos marmóreos o más bien dos colinas de seda blanca, coronadas por una gota de sangre. Su rostro, de gracia sobrenatural, sonreía enigmáticamente; y su boca bermeja parecía una herida luminosa. Un velo diamantino temblaba sobre su sexo.

Exhalábase de aquella terrible criatura tal potencia de amor, que Oliverio, estremecido, anonadado, casi muerto, tuvo que cerrar los ojos, cegados por insólitas fulguraciones.

Al abrirlos de nuevo, acometido por un agudo tormento, sintió de todo daba vueltas a su alrededor y que el mundo se le venía encima... Próximo a caer para siempre, enloquecido por un dolor tremendo,

golpeó los cristales con el puño hasta teñirlos con su propia sangre... y rodó sobre la acera como fulminado.

La alta vidriera se abrió rápidamente y varias cabezas de hombres y mujeres se tendieron hacia la calle. Salomé llegó la última, y exclamó con su voz mágica y profunda, viendo al mísero, muerto sobre la dura piedra:

—Un mendigo... Nada más.

Y cerrando de un golpe seco la ancha lámina cristalina, continuó sobre las alfombras escarlatas, a la luz de las lámparas eléctricas, bajo las miradas impuras de los hombres, toda desnuda y cálida, su danza inmortal.

Afuera, el miserable yacía tendido de espaldas, con los ojos muertos fijos en la luna, que erraba por los altos cielos como un gran lirio de plata.

ELYSABETH

I

En Praia de Botafogo, en aquel cálido crepúsculo de un amarillo de limón, aumentaba a cada momento el ir y venir de los lujosos carruajes, llenos de espléndidas mujeres y de hombres elegantes.

Germán López encendió un rosado cigarrillo egipcio, hecho de sutiles filamentos de tabaco y cáñamo indiano, y estirándose en el banco de piedra dejó vagar los ojos por el pardo horizonte.

Una vaga neblina melancólica envolvió de pronto su espíritu, y se quedó taciturno mirando la eterna palpitación de las glaucas ondas quejumbrosas.

...Soñaba en múltiples cosas profundas o efímeras: en la tenaz pesadumbre de un imposible amor en su patria remota; en un volumen mórbido leído la noche última; en un soneto que ofreciera a su pálida amiga Blanca Río Branco; en unos mágicos ojos cerúleos que le miraron dos o tres veces, sombríamente, en la anterior recepción del ministro británico.

Una frase velada de Swinburne, que habla de un beso que produjo una mancha purpúrea sobre cuello de nieve, le obsesiona; lo mismo que la expresión borrosa y funambulesca de la máscara de un aguafuerte que admiró en el *fumoir* del vapor en del Norte.

Estaba en una hora propicia al ensueño exótico y extravagante. En esa hora en que el pensamiento —fuera del límite normal de la vida— vuela por espacios constelados de astros, y en que se acogen como verosímiles las imágenes más insólitas y las más peregrinas esperanzas. ¿A qué cumbre no pudiera ascender el alma extraviada en esos instantes de portentosa alucinación? ¿Qué empresa, por audaz y formidable que fuera, no podría acometer? Una alteración momentánea de las leyes comunes que rigen la existencia produce esa ilusoria embriaguez, ese fugaz delirio quimérico, que es como una ráfaga de fulminante ventura.

II

De su recóndita abstracción le sacó la extraña voz gutural de John Smith, el postrer descendiente de Brummel, árbitro supremo de las elegancias en la floreciente metrópoli brasilera. Rico, de absoluta corrección personal, era un perfecto gentleman, casi célebre por su estupenda habilidad en el manejo de las armas y por la maravillosa magnificencia de su indumentaria. Saltó de un ligero carruaje, y después de saludar a Germán, le instó vivamente para que le acompañara.

Le presentó a su mujer, Elysabeth Barlow. Y como no hubiera sitio para los tres, obligó a su amigo a sentarse al lado de la dama, mientras él se hizo lugar junto al cochero.

Pronto atravesaron el pintoresco paseo, penetrando en las avenidas sonoras.

Germán se estremeció de súbito, reconociendo, en el rostro encantador que le sonreía, las dos fabulosas pupilas de un azul metálico que fulguraban en su corazón.

Beldad fascinante de leyenda nocturna, muy pálida, muy dulce; la boca cual una rosa ardiente, el cabello color de oro antiguo. Su mano derecha se apoyaba desnuda sobre el cojín de terciopelo granate y era fina y blanca como la de una reina.

¡Elysabeth Barlow! ¡Cuán divina con su gracioso perfil hebraico y con su leve sonrisa sideral! De su carne y de su traje se exhalaba un olor vago y delicioso que le produjo una turbación profunda. Se sintió luego saturado de aquel perfume íntimo y una desconocida languidez se apoderó de su ser. No cambiaron una sola palabra. Pero ambos sentían los ojos lánguidos de amor.

A Germán le asaltó bruscamente un deseo insensato de oprimirla en sus brazos, y sus manos temblaron... La joven notó aquel vehemente anhelo... Se inclinó sobre él y lo besó en la boca... Viéndole morir bajo el poder supremo de aquella caricia, ella suspiró largamente, con uno de esos arcanos suspiros que en las intensas pesadillas amorosas levantan los senos de las mujeres apasionadas.

El coche se detuvo, y la voz de Smith se alzó desde la acera, frente a un ancho portón de granito rodeado de globos eléctricos.

—Un negocio urgente me obliga a quedarme. Te ruego acompañes a Lisa. Espérame en casa. Comeremos en familia.

Al pronunciar estas palabras, sin esperar respuesta, desapareció en el vasto edificio.

El carruaje volvió a rodar. Y, ya solos, se miraron en silencio.

III

¿Qué se dijeron? Nada. Ni siquiera que se amaban. Con las manos unidas, presas de una fiebre sensual, llegaron al palacete marmóreo que John arrendara hacía dos meses.

Bajaron junto a la escalinata y luego ascendieron por la amplia escalera cubierta de magnífica alfombra de tonos de sangre. Y al entrar al salón, que tanto conociera, Germán se preguntaba por qué su amigo le ocultó que fuera casado, y muchas otras cosas que empezaban a sorprenderle.

Elysabeth, entretanto, se quitó el sombrero y el guante izquierdo. Entonces él pudo admirar, en todo su esplendor, aquella fragante hermosura incomparable. Comprendió claramente que entre ellos iba a pasar algo imperecedero y fatal. Ambos lo sintieron así, porque al volverse y encontrarse de frente, como impelidos por una imperativa fuerza magnética, resumidora de todas las voluntades en una sola, se abra con un con ímpetu casi doloroso, y, enloquecidos, cayeron sobre un sofá, gozando y sufriendo de una angustia y de un placer inauditos.

¿Cuánto tiempo duró aquella dulcísima y torturante locura?

...Al volver de su frenesí temerario, al levantarse pálidos y trémulos, se quedaron inmóviles: de pie, con el cigarrillo de opio en la diestra, recostado indolentemente en un extremo del piano, John Smith les miraba sonriendo.

Por impulso instintivo, Germán llevó la mano al pomo del revólver. Pero el inglés, con la fría sonrisa estereotipada en el semblante de una espantosa blancura, viendo que la joven huía por una puerta lateral, le dijo con la mayor serenidad:

—No hay por qué alterarse, my dear friend. El amor es un sentimiento demasiado serio para que pueda jamás constituir un crimen. Elysabeth es honrada y sólo se entregó por exceso de pasión... Por lo demás —y su sonrisa se volvió más franca y placen- tera— los hombres infortunados en su hogar tienen una suerte estupenda en el juego. Yo he perdido, en las últimas semanas, una fortuna; y necesito recobrarla a todo trance, y aun ganar, además, algunos miles de libras, para poner a salvo mi crédito...

Y, como Germán lo miraba con expresión de profundo asombro, él añadió:

—¡Vamos, hombre ! ¿Por qué te vuelves mudo después del intenso placer gozado? ¡Acabas de poseer a una de las mujeres más

11

bellas que existieran y luego te inmovilizas como una estatua ! ¡Eres divertido! Yo vuelvo al casino y lo mejor sería que me acompañaras. Allí cenaremos. O quizá prefieras quedarte haciéndole compañía a mi mujer... Pero resultaría demasiado fúnebre... La conozco muy bien y sé que no sobrevivirá a la vergüenza de su caída. A esta hora ella se ha matado con uno de los venenos que lleva siempre en sus sortijas.

German se puso lívido. Smith sonrió.

—Verás que no miento. Sígueme.

Dócilmente, como un sonámbulo, el amante fue tras él. Atravesaron dos salones y un angosto pasillo. Se detuvieron en una puerta de cristales azules. John la empujó y avanzaron pasos. En el fondo de la espléndida alcoba, sobre un antiguo lecho de sándalo, triste, bella y triste, Elysabeth yacía muerta.

—Empieza a enfriarse —murmuró el inglés, estrechando una de sus manos.

Después, con un gesto indiferente, cerró sus ojos sin brillo, y recogiendo un objeto de alfombra:

—¡Ve lo que te decía! —exclamó—. Aquí tienes el cuerpo del delito. Guárdalo.

Y entregó al joven, que se detuviera junto a la pared para no caerse, un hermoso rubí hueco, con la imperceptible cerradura señalada con el filo de una hoja metálica.

—Ahora, Lisa, farewell.

Y salió de la alcoba, silbando un aire del Fausto. German le siguió, sin voluntad y sin ideas...

El inglés tomó de un escritorio una gruesa cartera. Pasaron de nuevo por el salón de entrada, bajando lentamente los escalones. En la calle subieron a un coche de alquiler. Ya en el casino, John cenó con buen apetito. Su compañero le miraba extrañamente, rehuyendo a dar un bocado. Ante su aspecto sombrío, Smith volvió a sonreír.

—Eres bueno —dijo—. Te arrepientes de tu debilidad, y aunque me ves impasible, me tienes lástima. Y yo te perdono. Ahora sólo te pediré un corto favor en cambio del irreparable mal que me hicieras.

—¡Habla! Estoy a tus órdenes. Puedes disponer de mí.

—Deseo que me acompañes esta noche en el juego, y que, además, juegues por mi cuenta.

—Yo jamás he jugado.

—Precisamente por eso te necesito. Estando unidos, en las condiciones de espíritu en que nos hallamos, es absolutamente imposible que podamos perder. Eso lo tengo comprobado de manera irrefutable. Tú jugarás con mi dinero, y todo lo que ganes será mío. ¿Quieres?

—¿Cómo negarme ? Tienes derecho a exigir de mí lo que te plazca.

IV

Llegó entonces a la caja del casino y depositó la cartera. Volvió con dos pesados rollos en las manos.

—Me gustan más las monedas que los billetes —dijo.

Y, entregando a Germán uno de los rollos, añadió:

—Aquí tienes cien monedas norteamericanas de veinte dólares cada una.

Todos aclamaron a Smith alegremente en el vasto salón de la ruleta.

¡Llegas con paso de conquistador! —exclamó uno—. ¿Piensas recuperar esta noche las veinte mil libras perdidas?

—¡Juro que ganaré, además, cuarenta mil —declaró.

Le hicieron sitio y Germán se colocó frente a él.

John desenvolvió el paquete y formó dos hileras de monedas, que en media hora desaparecieron.

Su amigo quiso entregarle el oro que tenía delante.

-¿Estás loco? —murmuró—. Juega tú. Y fue a la caja a proveerse.

Entonces Germán puso diez monedas en el 12. Se oyó el ruido de la bola recorriendo velozmente el círculo enigmático. La carrera se atenuó y tras de algunos pequeños saltos, se detuvo.

¡El 12 de!

El joven oyó exclamaciones de asombro. Acababa de ganar 7.200 dólares.

John le saludó. Él recogió, impávidamente, el rollo de billetes sin contarlos y los puso en la faja roja.

—¡El 28! ¡Colorado!

Recogió otro paquete igual al anterior. Y juntos los depositó en la faja negra.

Ganó. Y continuó ganando siempre.

13

John le miraba, muy pálido. Algunos hombres se levantaron, acercándose a Germán, por detrás del sillón. Entre la rumorosa envidia que le rodeaba, el joven se sintió de pronto como beodo, y una vanidad extraña y una soberbia pueril llenaron su corazón. Un calor de incendio quemaba su piel. Quiso dejar estupefactos de asombro a los grupos ávidos removían nerviosamente. Colocó al color negro todas sus ganancias.

Reinó un hondo silencio. Nadie se movía ahora. Todas las miradas se fijaron ardientemente en el marmóreo rostro de aquel joven audaz que, con imperturbable ademán, acumulaba una montaña de oro. Su nombre corrió de boca en boca. Él miró entonces a John. Los ojos de éste, en su faz imberbe de un tono calino, parecían dos llamas. Estaba poseído del demonio del lucro. Puso también en la mancha negra sus cien águilas norteamericanas. Y, conteniendo la respiración, esperó, Pasaron tres minutos. Se atenuó el rumor de la bola, debilitándose y extinguiéndose entre el latir de los corazones.

¡Diez ¡Negro !

Hubo una explosión general. Smith recogió su oro y fue a felicitar a su amigo con un shake hands.

—¿Tienen límite las apuestas? —interrogó Germán, dominado por una voluntad misteriosa.

Un señor gordo y rubicundo, con las manos llenas de brillantes, en el que fácilmente se reconocía al dueño de la ruleta, contestó despectivamente:

—Puede usted jugar lo que guste.

Con el automático impulso de un resorte depositó sobre el rojo todos los paquetes y las columnas de monedas.

—¡Está loco! —gritaban—. ¡Qué barbaridad!

Germán miró muy tranquilo al hombre gordo, ahora amarillo como un difunto.

Smith, después de fijar en el color que su compañero eligiera sus doscientas águilas, le contemplaba con extática admiración, irguiendo su prócer estatura.

Se oyó, interrumpiendo el silencio, un grito breve y ronco:

—¡El 15! ¡Colorado!

Todos se levantaron, vociferando con estruendo. Un muchachote escuálido sacó un lápiz e hizo rápidamente una suma sobre una tira de papel.

Gana usted 565.830 dólares —murmuró sordamente.

Germán le alargó cinco grandes monedas.

John, en el frenesí de su entusiasmo, golpeaba rudamente la mesa.

—¡Queda la ruleta cerrada por esta noche! —aulló el hombre gordo, desabotonándose el cuello.

V

Cuando salieron del casino —en cuya caja depositara Smith la enorme ganancia— sonaban las dos de la mañana.

Caminaron sin hablar durante algunos minutos. Al separarse, en un ángulo del teatro de San Pedro de Alcántara, una mujer elegante, envuelta en un velo negro, pasó junto a ellos.

—¡Ahí tienes una nueva aventura para terminar la noche! —exclamó John irónicamente.

—Goodbye —murmuró Germán.

Y fue tras la desconocida.

VI

Iba en pos de ella, con el corazón amargo, pensando en Elysabeth y en su divina hermosura inmóvil en la muerte. Se sentía aún saturado de su íntimo perfume y del sabor inolvidable de sus besos profundos.

—¡Elysabeth! ¡Elysabeth! —exclamó, embriagándose con el mágico sonido de aquel nombre...

La mujer se detuvo un segundo. Y luego reanudó su marcha. La alcanzó al doblar una esquina. Se volvió hacia él y rápidamente lo atrajo a su lado. En la radiante claridad de la calle apareció su rostro cubierto por un sedoso velo obscuro.

Hizo él acercarse un coche que pasaba. Entraron, y dio la dirección. Un tenue olor, como de flores siderales, perfumó su alma. Un aroma recién conocido en un instante de ventura supraterrestre. Ella suspiró débilmente, y Germán la oprimió sobre su corazón.

—¡Elysabeth! ¡Alma mía!

Vio entonces sus mágicos ojos cerúleos llenos de lágrimas y sintió, aún otra vez, el inefable calor de sus besos...

VII

15

...Una ola gigante, reventando estruendosamente sobre el alto murallón de granito, sacó a Germán de su lúgubre ensueño...

Se incorporó fatigado con la cabeza dolorida. Caía la noche y un rápido viento del sur rizaba la mar...

Llevando entre los dedos la punta del cigarrillo de cáñamo indio, caminó por las desiertas avenidas Botafogo... Las olas seguían gimiendo, y, en las celestes alturas, hacia Petrópolis, lucía brillante cuerno la pálida luna de Astarté.

LOS OJOS DE OFELIA

I

Levantó, lentamente, sus pálidos ojos de esmeralda, abstraídos, hacía una hora, sobre las páginas del volumen de amor.

Y sus labios armoniosos repitieron la frase musical y profunda:

—*La castidad del Mal está en mis ojos límpidos.*

Bajo el tenue peinador de seda morada, su cuerpo felino y divino estremecióse un segundo. Con un ritmo de voluptuosidad alzó los brazos mórbidos, esperezándose. Luego fué hacia el balcón y miró tras los cristales. Caía, plácidamente, la tarde amarilla de septiembre. Algunos carruajes cruzaban la amplia avenida.

Quedóse inmóvil contemplando, desde aquel lindo cuarto del segundo piso del chalet, la serenas agonía del crepúsculo, que estriaba el cielo de líneas de ópalo y carmesí.

Desde el Templo de Minerva hasta el fin del boulevard, desfilaban los paseantes. Algunas parejas charlaban en voz baja, muy juntos los cuerpos, los rostros casi sobre los rostros, embriagados por la suave melancolía de la hora fugaz.

Ofelia miraba ávidamente el ir y venir de la multitud. Sentíase nerviosa, poseída de una extraña tristeza y de un vago deseo... Bajo el balcón vió detenerse dos jóvenes del arrabal, que eran novios. Casi envueltos en la sombra se abrazaron en silencio. Ofelia retiróse temblando, con los ojos húmedos.

¿Qué le pasaba ahora? ¿Estaría a punto de enamorarse? ¿Ella, que odiaba el ímpetu sexual, que había permanecido indiferente y marmórea ante la pasión de cuatro o cinco adoradores tenaces, iba, al fin, a ser vencida, sin lucha y sin protesta?

—¡No! ¡ Jamás!

No se entregaría al goce brutal de ningún hombre. ¡No aumentaría el número de las máquinas de placer!

II

Abrió la carta, cuya letra le era conocida.

"Ofelia mía:

Perdóname que te llame así, y no sonrías piadosamente ante esas dos palabras de ilusión. ¡Mía! Cálido sueño imposible que amarga mis horas y ha enlutado mi pensamiento... Sin embargo, yo te grito ha aún con la voz de mi profunda pena: ¡Sálvame ! No me dejes morir!

Cuando no estoy a tu lado, el mundo me parece vacío. Pero cuando estoy cerca de ti sólo pienso en la muerte, pues tus verdes pupilas tienen la frialdad de los mármoles fúnebres.

Tus ojos, Ofelia... ¡qué luminosos y terribles son tus ojos... tus ojos verdes y fatales! ¡Cómo adoro tus ojos de esmeralda !

Por la vez última llamo a tu corazón decirte: No me impele hacia ti ningún oculto deseo de la sangre, a pesar de la gracia imponderable de tu cuerpo. Sólo me atraen, sólo me dominan, sólo me obsesionan tus ojos fríos y crueles y de una belleza sobrenatural. ¡Que goce yo de su mirar de amor durante un minuto!

Es lo único que pide a tu espíritu orgulloso, el alma de

Hamlet".

III

—¡Pobre Hamlet! —exclamó la joven—. ¡Pobre príncipe mío! Dejaría de llamarme Ofelia si no accediera a su infantil anhelo. ¡Escribe tan lindos versos y usa un pseudónimo tan sugestivo! El nove en mí un bello animal de placer, sino un alma, un pensamiento, un enigmático espíritu con los ojos verdes... Soy para él una ilusión, una flor, un fantasma.

Y le escribió:

"Querido Hamlet:

¿Habéis leído *El Señor de Phocas,* del suntuoso Jean Lorrain? Pienso que sí, después de recibir vuestra carta encantadora, que tiene el matiz de los ojos diabólicos que persiguieron pertinazmente al duque Juan de Freneuse.

En verdad que vuestra súplica es muy sentimental y muy triste... y me conmueve. Pero, querido amigo, ¿es verdad eso de que sólo amáis en mí la expresión de las pupilas?

Ofelia".

IV

"Ofelia:

Acaso logres saber un día
el alto precio de un alma fiel.

Estos versos de Musset contestarán las preguntas que me haces. Pero no son tus ojos los ojos de ágata de Izé Kranile, ni los de Willie Stephenson, ni los de la princesa de Eboli... Tus ojos son más alucinantes, más satánicos, más exóticos. Tu ojos son más crueles, Ofelia. Fueron hechos para torturar, para servir de tormento y de castigo. La vida será odiosa para el que los ame. A mí me han dejado dolorido y taciturno hasta la muerte. Porque en verdad, tus ojos son tan maléficos que quien los mira una vez queda triste para siempre. Así son de divinos y de expresadores de lo imposible. Huyendo de su fatal dominio saldré mañana de Guatemala y jamás volverás a verme. Pero sonríete, querida Ofelia: moriré con tu nombre en los labios y con el fulgor de tus pupilas en mi corazón,

Hamlet".

V

¡Cuán monótonas transcurrieron para Ofelia las horas de aquel día!

Asomóse al balcón como el sábado anterior. ¡Qué cambio en su pensamiento y en su espíritu!

—Corazón de mujer —dijo sonriendo.

Sentóse al piano y ejecutó una grave melodía del país de Valaquia, que la emocionó hondamente.

Escribió entonces aquel breve billete que decidió de su destino:

¡Mi querido príncipe: Os adoro. Venid a las siete. Deseo veros por la última vez".

Y sus límpidos ojos crueles llenáronse de lágrimas.

EN LA SOMBRA PROFUNDA

I

La mísera criatura conocía el poder del extraño veneno. Dos horas bastaban para que el terrible tósigo destruyera el más vigoroso organismo; así, lentamente, sin el más leve dolor, con una sensación dulce y ligera, descendía —como por una pendiente de seda— hacia la sombra profunda...

Contempló largo rato el pequeño pomo de cristal azulado, en cuyo fondo se hallaba la muerte.

El líquido tenía el matiz del absinthio, y al colocarlo contra la luz daba un fulgor metálico, como el de una diabólica pupila abierta en la tiniebla.

—Tiene el color de la esperanza —pensó la desdichada.

Y una sonrisa de amarga ironía contrajo su boca encendida.

Enervada por la inmovilidad en que había permanecido durante varias horas, se levantó del sofá, y frente al gran espejo biselado de su tocador, se esperezó voluptuosamente. Su talle largo y elegante se arqueó en una graciosa curva; sus redondos brazos se levantaron sobre su cabeza, y ondearon agitados revueltos sus cabellos castaños. Con el rostro ligeramente sonrosado, en que los claros ojos tenían un brillo de acero, se miró un minuto en aquella actitud, fina y aérea, como una garza nevada que se dispone a volar. Había una intensa gracia felina en aquel cuerpo, maravilloso de belleza y vibrante de juventud. Tenía las formas ágiles y puras de esas antiguas imágenes virginales inmortalizadas por el mágico pincel de Gustavo Moreau. Bajo el corpiño de seda violeta temblaba su corazón, pequeño y delicado, como un pajarillo prisionero. Allí, bajos los leves encajes y las blondas trémulas, sus senos en flor eran dos fabulosas copas, dignas de los labios de un dios. Y la línea triunfal de sus caderas hacía enfocar el recuerdo de los legendarios mármoles florentinos, en donde el arte genial cinceló la imagen estupenda y absoluta de la belleza humana.

II

Eulalia gozó dolorosamente en la contemplación de su figura encantadora. Era su postrera coquetería de mujer refinada que —a pesar de su aleve destino— se reconoce magnífica y poderosa. Era el último adiós que sus bellas pupilas daban a la brillante luna veneciana donde tantas veces vio su lindo rostro sonreír de felicidad. Donde, en horas de ventura, pensando en el amado, ella contempló con orgullo su cuello columbino, sus hombros perfectos, su cabellera opulenta, sus brazos redondos y cálidos hechos para enlazar amorosamente... ¡En una ocasión ella se había mirado toda desnuda; y era un gran lirio blanco lleno de fragancias embriagadoras; una flor de prodigio y de voluptuosidad pecaminosamente abierta para el placer y la gloria de un hombre!

¿Y aquel hombre, hondamente querido, amado con toda la sangre y con todo el espíritu, fue a encontrar —después de un año de matrimonio— el tedio irremediable entre sus brazos...? Ella pudo ver cómo el amor se extinguió en el alma del ingrato, y cómo una niebla de hastío glacial cayó como un sudario sobre el cadáver de su dicha...

Con impasible máscara él había ocultado su indiferencia, hasta el día funesto en que el acaso descubrió la perfidia de su conducta. La engañaba ahora, villanamente, con una de sus mejores amigas... El golpe fue tremendo, en mitad del corazón... Pasada la primera crisis de dolor, sintió asco por todas las cosas de la vida y decidió morir.

III

—Mañana, que ya duerma en el sepulcro —se dijo—, ¿qué hará él de mi recuerdo? ¿En qué recóndito lugar de su ser podrá hundir mi memoria? Ella le perseguirá como una sombra doliente, y jamás volverá a gozar de ninguna alegría profunda sobre la tierra. Aunque lo desee, será imposible que me olvide.

Le he amado demasiado, he sido demasiado suya para que pueda olvidar nuestras noches deliciosas en que yo dormía feliz sobre su corazón..

Asomada a la ventana, vio aparecer las primeras estrellas en el sombrío cielo. Era una noche extraña, llena de luto y de silencio.

La joven se anegó en el misterio de aquellos instantes solemnes y pensó en la vida futura. Dentro algunas horas conocería el hondo secreto de la tumba. ¿Qué iba a encontrar detrás de su puerta tenebrosa? Presa de una grave emoción, se vio inmóvil y rígida dentro del mausoleo de piedra, en la necrópolis desierta, poblada de cruces y de sauces. Se veía en el lóbrego abismo, durmiendo bajo la fría luz de la luna, al rumor de los vientos de la noche. Se veía para siempre perdida en la ciudad funeraria, transformada su adorable figura en una amarilla osamenta, después que los gusanos devoraran su carne; después que los viles gusanos del sepulcro se hartaran de su cuerpo florido, de sus ojos alucinadores, de su boca escarlata, de todas sus gráciles formas.

Y pensó con dolor y nostalgia que los antiguos revelaron un alma piadosa y delicada al quemar a sus muertos... El fuego es un elemento purificador. La llama que convierte en sagrada ceniza la materia humana lleva en sí un espíritu benévolo que destruye toda la efímera miseria de la tierra. El fuego es precioso y es puro. Él disputa al torpe gusano la total posesión de los miembros yacentes. Y tiene también el goce de una terrible voluptuosidad cuando sus lenguas de oro fúlgido lamen voraces los más secretos encantos de las castas hermosuras inanimadas.

Eulalia se estremeció ante esa idea que la hacía entrever la acre delicia de una íntima voluptuosidad póstuma.

Pero no. No era posible. Su cadáver se descompondría lastimosamente entre las húmedas paredes de su cárcel eterna.

Haciendo un gran esfuerzo se retiró de la ventana y se dirigió hacia su alcoba. Tomó sin temblar de la mesa de noche el pomito azul y vertió su contenido en una copa de agua, que apuró enseguida.

Después apagó la lámpara. Y trágica —bajo la obsesión de una influencia fatal— se desnudó y se metió en el lecho, silenciosamente.

IV

Daba el reloj del salón las once en el momento en que Ricardo entraba en el dormitorio. Se acostó sin encender la luz, según su costumbre, para no despertar a su mujer. Ella, como en un vago ensueño, lo sintió respirar cerca de su cabeza; luego le pareció que caía de una inmensa altura; después, nada...

La noche transcurría en el silencio. El joven se agitaba de un lado a otro, sin poder dormir. Una sorda inquietud —que en vano procuraba explicarse— se había apoderado de su espíritu. Comprendía confusamente que algo terrible pasaba a su alrededor. Pero atribuía aquella impresión al estado especial de su ánimo. El tictac monótono del reloj llegada hasta él, haciéndole despertar de impaciencia. Dos veces había llamado a Eulalia en voz baja, sin obtener respuesta. Quizá ella tampoco dormía y guardaba aquella actitud por su indiferencia, por sus continuos hastíos y por sus infidelidades.

Dominando el malestar físico del insomnio, su pensamiento implacable le mostró todas las fases de su vida, con su cortejo de malas acciones. Inmóvil en medio de las tinieblas, él meditó largo tiempo...

La mayor de sus faltas era su conducta ruin para con la pobre Eulalia. Ella, hermosa y buena como ninguna, apasionada y triste, poseedora de un espíritu exquisito y de una singular imaginación, se veía ahora olvidaba, casi despreciada por él. Y sufría sin quejarse, sin exteriorizar su pena con palabras banales.

Un remordimiento cruel, agudo como un puñal, atravesó rápidamente su corazón y sus ojos se humedecieron... ¡No! ¡Él no era malo! No lo había sido nunca. Sus veleidades eran inconscientes y sus fastidios producto de su idiosincrasia y de la intensidad de sus emociones. A Eulalia la adoró siempre; la amaba aún, nunca dejó de amarla. Cediendo en mala hora a un miserable capricho, pudo engañarla con aquella infeliz mujer, que lloraba arrepentida su deshonra.

Pero jamás volvería a caer en esas criminales debilidades. En adelante se consagraría por entero y para siempre a hacer la felicidad de aquella hermosa y triste criatura que lo quiso desde niña... Ya la haría olvidar los días obscuros, con sus caricias de otro tiempo.

V

La noche avanzaba lenta y misteriosa. Ricardo se revolvía en el lecho, víctima de una angustia creciente. ¿Qué le pasaba? ¿De dónde provenía aquel misterioso espanto de su espíritu ? Su inquietud aumentaba y la noche no tenía fin...

El reloj dio las cinco. Sin poderse contener más, el joven intentó despertar a Eulalia. Se inclinó hacia ella y le dijo muchas cosas dulces, le habló de su amor y de sus recuerdos, le hizo mil tiernas promesas para el porvenir. Eulalia continuaba inmóvil. Entonces él, creyéndola despierta, y para vencer su última resistencia, la tomó apasionadamente en sus brazos; y atrayendo su cabeza, la besó en la boca; pero casi al mismo tiempo saltó de la cama, dando un grito. Los labios, los brazos, todo el cuerpo de la joven, estaban fríos —toda ella estaba fría, como si fuera de nieve—. Dominado por el terror, encendió la lámpara, y vio a Eulalia palidísima, extrañamente bella por la vez última, con la boca contraída por una sonrisa amarga y con los claros ojos abiertos llenos de frías lágrimas...

LA MUSA MELANCOLÍA

I

Cristhián de Marville era un hombre singular y un raro poeta. La rareza era en él una virtud como en otros la honradez; una virtud encantadora e inapreciable que ejerció sobre las almas tristes un soberano poder de simpatía.

Su figura no era hermosa. Pero había en toda su persona un encanto peculiar del que nadie pudo evadirse. Poseía, sin embargo, dos cosas extraordinariamente bellas: las manos y la boca.

Las manos eran largas y mórbidas, de una blancura milagrosa. Manos imperiales de suave epidermis, cuyos dedos pálidos semejaban frágiles lirios y cuyas uñas de ágata evocaban el recuerdo de los pétalos de las rosas.

La boca bermeja, armoniosa y pura, sombreada por un fino bigote, poseía una gracia intensa.

Por lo demás, Cristhián era un artista incomparable que hizo de la palabra un instrumento sobrenatural de músicas estupendas. Su prosa, vívida y extraña, relampaguea, vibra, canta, ríe, llora y se deshace en cascadas de fulgurantes pedrerías. Su verso es una flor fabulosa, una ráfaga polífona, una luciérnaga de fuego.

Poeta de melancolía y de amor, de placer y de muerte, múltiple y supremo, conoció los secretos misteriosos de los ritmos y de los símbolos e hizo decir a los vocablos su alegría o su pena. Conoció el espíritu de todas las rimas y supo interpretar la tristeza de las cosas yacentes.

II

La divina Martha Rüsell habíase enamorado locamente de la boca de Cristhián y de sus manos marmóreas. Pero, sobre todo, de su boca. Soñaba, pecaminosamente, con ella, en sus largas noches de fiebre; y, con sólo su recuerdo, la sangre de sus veinte años quemábale las venas. Un cálido deseo la torturaba; y su espíritu, frágil y virginal, sufría un dolor sin nombre.

Soñó una vez que Cristhián había entrado silenciosamente en su estancia, cuando ella dormía. Llegó hasta su lecho y la acarició largamente con sus manos adoradas. La acarició con una caricia dulce y terrible, que fué deslizándose de la nuca a los pies. Luego besó su cuello redondo y sus senos floridos; después su ardiente boca, con tal fuerza, que ella se despertó lanzando una queja.

Desde entonces, Martha no podía ver a Cristhián sin experimentar una extraña turbación. Obstinadamente, sin que pudiera evitarlo, sus ojos se fijaban en la boca y las manos del joven y no volvían a separarse de ellas, como si un milagroso imán los atrajera.

Él comprendió: y una gran melancolía le invadió el alma.

—¿Será verdad —se preguntó con amargura— que las mujeres sólo aman las formas exteriores y la belleza de las cosas efímeras? He aquí una criatura inefable, una virgen de gracia y de armonía, que se ha enamorado de mis manos y de mi boca... Nada más.

Y la expresó su tristeza en una carta dolorosa...: "Os habéis enamorado de mis manos y de mi boca, querida Martha, y creed que vuestra pasión me ha causado una grave pena... En mi personalidad lo que verdaderamente vale es mi espíritu... A él debisteis haber llamado, segura de que vuestros sentimientos habrían sido tiernamente acogidos. Yo hubiera deseado encontrar en vos el ideal del alma femenina que busqué en vano en mi primera juventud... ¡Sois tan bella y tan pura! Pero ya no podría haceros ahora feliz, porque no os amo. Tampoco vos me amáis. Lo que sentís por mí es un capricho de mujer veleidosa, más o menos pasajero. No merece sino ese nombre pueril toda sensación inspirada por un detalle de belleza física. El amor —creedlo— es algo más noble y más alto: algo profundo y misterioso que surge de lo más recóndito del espíritu humano. Cuando sintáis vuestro corazón lleno de músicas y de perfumes, comprenderéis la grandeza de ese divino sentimiento. El que yo os he inspirado nada tiene que ver con el amor. Deliráis por un beso de mi boca, porque es bella. Amáis su color y su frescura; pero no habéis dado la menor importancia a las palabras que de ella han salido. Soñáis con las caricias de mis manos, porque son hermosas. Pero habéis de saber que toda forma física perece y que sólo el espíritu es inmutable El mío es una selva de inmortales aromas. Es fuerte e ingenuo, suave y formidable. Es una cima coronada de relámpagos y un valle pleno de rosas. Es un trueno y una lágrima. ¡Una lágrima! ¿Habéis llorado alguna vez, querida Martha? Yo adoro las mujeres tristes... Mi musa es una virgen de diáfana blancura, silenciosa y leve... Mi musa se llama Melancolía y me ha embriagado con el vino de los sueños...

Ya que no puedo daros mi amor, os haré, al menos, conocer la tristeza. Mañana me alejaré de vos para siempre y os dejaré la nostalgia de mis manos y de mi boca. Sólo por causaros esta pena tan honda para que nunca podáis olvidarme renuncio a la gloria que mis manos pudieran encontrar en las morbideces deliciosas de vuestro cuerpo; renuncio a poseeros, a sentiros sollozar entre mis brazos y a recoger con mis labios en vuestra boca seductora todo el fuego de vuestra virginidad florida... Y así, cuando mi recuerdo venga en busca de vuestra alma, os arrancará dulces lágrimas de amor y de dolor...".

EL CASO DE ERNESTO

I

El doctor Ernesto B*** se despertó sobresaltado en una fría noche de noviembre. Le pareció que en la sombra una voz conocida le llamaba, y oyó distintamente el ruido de los pasos de un hombre atravesando el pequeño salón que comunicaba con su estancia. Luego nada. Silencio profundo. Encendió una lámpara, se vistió a toda prisa y recorrió todas las habitaciones; pero no pudo encontrar la causa de su sobresalto. Los criados dormían, y su hermoso gato de Angora roncaba sonoramente. Al penetrar de nuevo en su cuarto se sentía violento y nervioso. Sentado frente a su escritorio se puso a meditar. La voz que había creído oír llamándole, era, sin duda, la de Pablo Nocedal, uno de sus mejores amigos. Pero Pablo no habría podido ir a su casa a aquellas horas. Era de costumbres tan metódicas, que a Ernesto le pareció imposible que fuera a las dos de mañana a llamar a su puerta. No, no podía ser él. Sin embargo, impulsado por un instinto secreto, se decidió a ir a casa de Pablo. Vivía al otro extremo de la ciudad, pero no importaba. Atravesó las calles sin encontrar a nadie. Caía una lluvia menuda, y un viento helado le azotaba el rostro. Parpadeaban las luces de los faroles, y el cielo estaba negro, sin una estrella. Iba muy de prisa, con las manos metidas en su gabán, fumando un cigarrillo. Al llegar frente a la casa se sorprendió al ver iluminadas las habitaciones exteriores, en las que notó un extraordinario movimiento. Los criados iban y venían de un lado a otro con gran agitación.

Al subir la escalera, uno de ellos le dijo precipitadamente:

—Mi señor acaba morir. Oímos entre el silencio de la noche un grito terrible, un grito profundo y extraño, y cuando llegamos a su dormitorio yacía en el suelo, sin vida.

Ernesto debió ponerse lívido. Subió corriendo las gradas, atravesó varios aposentos y se detuvo en el umbral del que ocupaba su amigo. Éste se hallaba sobre su lecho, vestido de negro, con los puños crispados y los ojos espantosamente abiertos. Sobre sus labios se veía una espuma purpúrea.

—Un aneurisma —pensó Ernesto— al recordar la enfermedad que amenazaba, desde hacía algunos años, la vida de Pablo.

Después de cerciorarse de que el corazón había dejado de latir, se decidió el joven a pasar el resto de la noche acompañando el cadáver.

Allí, a la cabecera del lecho, pasó varias horas pensando —no sin frecuentes sobresaltos nerviosos— en el raro fenómeno que en él se había operado y por el cual fue advertido de aquella desgracia.

II

Dos días después de este suceso, Ernesto se quedó aterrado, al ver en una de las calles más céntricas de la ciudad, en pleno día, a Pablo Nocedal. Venía por la misma acera que él llevaba, y debían encontrarse irremisiblemente. A Ernesto le flaquearon las piernas y un frío sudor corrió por su frente. Sin embargo, recobró un poco de calma, notando que los transeúntes no se extrañaban de la presencia de su amigo. Pero al encontrarse con él tuvo que hacer un supremo esfuerzo para dirigirle la palabra.

Del mejor modo que pudo, con voz temblorosa, le dio a entender su incertidumbre acerca de su extraordinaria resurrección.

Pablo le escuchaba, sonriendo irónicamente. De pronto soltó una carcajada que hizo vibrar a Ernesto.

—Pero, vamos, ¿te has vuelto loco? ¿De dónde has tomado esa historia fantástica? ¿Hablas en serio ? ¿Conque ya me tenías por muerto? Felizmente no es así. Me encuentro muy satisfecho en este mundo, y te aseguro que ni siquiera he pensado en abandonarlo.

Y volvió a reír con su risa extraña. Luego, con un ademán, se despidió de Ernesto, no sin añadir en tono equívoco estas palabras:
—Tú, que eres médico, deberías comprender que no te encuentras bien de salud. Padeces de alguna lesión cerebral. Quizá a esta hora la locura te persigue. Yo, en tu lugar, consultaría con un especialista.

III

Desde aquel día la existencia de Ernesto fue una constante obsesión lúgubre. Vivía en un estado de perpetuo sonambulismo, fuera de la órbita normal. Una idea fija le torturaba. Su temperamento, esencialmente neurótico, había llegado al último extremo de excitabilidad. Sus nervios vibraban de continuo como las cuerdas de un arpa.

No dudó un momento de que la locura le hundía en su noche tremenda; pero debido su mismo estado fisiológico no pensó en consultar con alguno de sus colegas. Temía que el juicio inapelable de los médicos le arrojara a uno de esos terribles hospicios de dementes, que él había visto siempre con horror. Y se sumergió en una de esas hondas y perennes meditaciones, en uno de esos sombríos silencios, que son a veces precursores del naufragio total de la razón.

No se atrevía a pronunciar el nombre de Pablo delante de las personas que le visitaban. En la confusión de sus ideas él no sabía si su amigo estaba vivo o muerto, aunque se inclinaba a creer lo primero. Juguete de un delirio obstinado, su vida era inconsciente como la de un niño.

IV

Desde los primeros tiempos de su mal, Ernesto buscó la soledad. Se encerró en su casa y raras veces se le veía salir. Una tarde dirigió sus pasos al cementerio. La vasta necrópolis, poblada de grandes árboles, le atraía irresistiblemente. Recorrió sus calles silenciosas, leyendo las inscripciones de los mausoleos. De improviso sintió como un violento golpe en medio del pecho. En una lápida marmórea había leído lo siguiente:

PABLO NOCEDAL.
10 de noviembre de 19...

Ya no le quedaba duda. Su amigo había muerto. Tres meses llevaba de dormir bajo la tierra.

Presa de una honda inquietud, de un horrible malestar, se dirigió a su casa. Aquella noche la fiebre se apoderó de su organismo y un miedo pueril le invadió tenazmente. Temblaba como un epiléptico en el fondo de su lecho. Sus pupilas semejaban dos llamas fatídicas, dos brillantes fuegos de locura y de terror.

Y de pronto le pareció que rodaba a un abismo sin fondo, que atravesaba espacios infinitos, que caía desde una altura fantástica... Y su razón se extinguió en una rápida agonía.

V

En una cálida mañana, Ernesto despertó de su siniestro sueño.
Abrió los ojos asombrados y miró en su derredor. Estaba en su antigua
estancia, rodeado de sus amigos y colegas. Él creyó que volvía de un
largo viaje o que salía de un hondo desmayo febril, poblado de
pesadillas espantosas. Las ideas y los recuerdos llegaban a su cerebro,
lentamente, como pájaros extraviados que vuelven al nido.

Cerró los ojos y luego la luz se hizo en lo íntimo de su alma

Había estado loco.

Sí. El infeliz estuvo dos años encerrado en un manicomio.

AMOR SACRÍLEGO

I

En la celda sombría yace arrodillado el joven sacerdote ante un Cristo de bronce, que, desde la altura de su cruz de mártir, lo mira sollozar, impasible.

Aquella figura trágica e inmóvil aparece ante él con la implacable severidad de un juez que castiga, pero que no consuela. En vano suplica y llora: su ruego sale de su garganta como un estertor de agonía y se retuerce los brazos y se arrastra por el suelo, presa de una desesperación delirante. En vano humilla su frente sobre el polvo: después de su paroxismo de locura se ve otra vez solitario, en medio del cuarto desmantelado: ve al Cristo con su eterna sonrisa moribunda, con el rostro lívido e indiferente, iluminado por la luz de una vela de cera; se ve él mismo con el traje en desorden y el semblante descompuesto. Levantóse y se dirigió a la ventana.

El viento fresco de la noche secó sus lágrimas y le devolvió la serenidad de ánimo de que tanto necesitaba. Apoyado contra el muro, dejó vagar su espíritu por los espacios del sueño, mientras sus ojos admiraban el paisaje nocturno que se extendía a lo lejos, y a su oído llegaban los rumores del campo, las armonías de la naturaleza, todos esos ruidos extraños de la media noche que llenan el cerebro de misteriosos pensamientos. El murmullo de la hoja seca que rueda sin cesar, la queja de la brisa entre los árboles del bosque, el reclamo del pájaro soñoliento en su nido de plumas, formaban una vaga y triste sinfonía que iba a acariciar su alma en pleno duelo —su alma tempestuosa y ardiente— abrasada de un amor satánico, de una pasión criminal, hija maldita del insomnio y de la fiebre. Allí estaba, cual un obscuro Prometeo, devorado por el cuervo de la Lujuria; cual un Satanás impío, rebelado contra su Dios. Allí estaba su espíritu orgulloso y altivo, humillado ante la desesperación del deseo brutal que le mordía las carnes. Bajo el negro traje conventual se agitaba su cuerpo, devorado sin piedad por la serpiente del sacrilegio: bajo la cruz de marfil se revolvía su corazón mundano en convulsiones que hacían temblar la cárcel de su pecho. ¡Ah! Si él hubiera podido

35

arrancárselo de ahí, pisotear aquella masa de carne miserable purificado por el arrepentimiento. ¡Pero no: que no había fuerza capaz de calmar el ansia de amores y morir placeres que le quemaba la sangre y había calcinado sus venas con un fuego infernal, con una lava derretida que le hacía lanzar gritos de espanto! La vocación de sus primeros años le convirtió en un sacerdote modelo, en un padre espiritual y consolador, en una especie de arcángel aureolado de un misticismo glorioso. Era en verdad un San Luis Gonzaga por su delicada belleza femenina y la celestial dulzura de sus ojos: un gallardo sacerdote cristiano, lleno de la abnegada mansedumbre del apóstol y de la humilde benevolencia de un ministro de Dios. En el claustro todos admiraban su porte severo y digno, en el que se reflejaba la inquebrantable firmeza de su fe. Su rostro marmóreo, de una impasibilidad austera, de una armónica suavidad de líneas, no sonreía jamás. Era severo, con una severidad simpática que atraía las almas. Su fama de santo hizo de él un sacerdote venerado, y nadie pronunciaba su nombre sin acompañarlo de una bendición.

Ejemplo de virtud, modelo de pureza, la Fe, la Esperanza y la Caridad fueron sus pasiones de adolescente. Y en plena juventud, cuando apenas el sol de veintitrés primaveras había dorado sus cabeza, marchaba por su camino religioso, al rumor de las plegarias, entre las tempestades mundanas, con los ojos fijos en el Cielo. La única luz que hirió sus ojos en sus veladas místicas fué la que iluminaba el Cristo de sus celda; el único contacto humano, el de sus compañeros; el aroma que acarició sus sentidos, el perfume del incienso.

Jamás entre la suyas había estrechado una mano de mujer. Jamás —como no hubiera sido en el confesonario— la dulce música de una voz femenina arrulló sus oídos de santo. Su virtud llegó a la cima sin haber conocido el infierno de las tentaciones. Y el día en que quiso mirar al abismo, las llamas infernales quemaron su traje de sacerdote, devorando su cuerpo. Él entrevió, a través del prisma de su vida impecable, a través de la monotonía de su existencia, un algo sin nombre, un paraíso terreno, más grato y tentador qué el paraíso de las leyendas cristianas. ¡Tras los muros de granito del convento se agitaba la muchedumbre, loca y feliz; la muchedumbre, con todas sus miserias y pasiones, sus dolores y alegrías! Y el sintió una profunda tristeza, un deseo vago y tenaz de formar parte de la humanidad que goza y sufre, que trabaja y ama: un hombre de aquellos que en su imaginación calenturienta consideraba superiores a él, ya que eran dignos de sentir y gozar de la vida. Él era más desventurado que los cojos, porque sus piernas sólo le servían para atravesar las bóvedas del templo; que los mancos, porque sus brazos, lánguidos y enervados, apenas si eran buenos para vestir las imágenes, para adornar los altares y consagrar la hostia santa; más infeliz que los ciegos, porque sus ojos sólo tenían luz para contemplar aquellas inmóviles figuras de mármol, bronce o madera, de los santos hieráticos en sus nichos dorados: para mirar los perfiles de las vírgenes sonrientes, envueltas en sus brillantes trajes recamados de oro, con la corona sobre la cabeza, dulcemente erguida con expresión de candor. Más desgraciado que todos los miserables que mendigan por las calles, que todos los haraposos que agonizan en los hospitales, que todos los asesinos que expían entre las sombras de una cárcel sus crímenes horrendos: porque todos aquellos seres degenerados habían sido hombres que conocieron la felicidad, que recibieron el beso de la ventura, que habían amado, en fin, a una mujer de carne y hueso, hermosa y ardiente, apurando el placer infinito en la copa de la vida; mientras que él se moría de angustia y de deseo, virgen de cuerpo y de alma, maldiciendo su juventud estéril, su infecundo sacrificio por un Dios que no le oía, por una religión que no le daba consuelo, por una fe que huía de su alma para siempre, dejándolo enloquecido por los más atroces tormentos, condenado a un infierno horrible, cruel, angustioso; a una eternidad sombría, a una noche sin fin, por entre cuyas brumas sepulcrales no veía jamás la rosada luz de la aurora.

Perdida la fe, miró al fondo de su espíritu y lo encontró vacío, sumido en las tinieblas. No había quedado en él una sola esperanza, un noble sentimiento que pudiera salvarle, y se halló solo, solo en medio de las tempestades que en forma de criminales pensamientos acudían a su cerebro: solo en aquel torbellino agitado de sus pasiones, náufrago en un mar sin orillas, viajero perdido en un desierto sin límites. Corrió desesperado por el claustro, con el horror de sus propias ideas, deseando calmar con la oración el ardor de sus sentimientos y apagar con sus lágrimas el fuego infernal le devoraba. En la alta noche, que de hinojos ante el altar de la capilla, rogó, suplicó. se humilló por el polvo; martirizó sus carnes rebeldes, macerándolas despiadadamente; besó con desesperado el manto de la Virgen y los sangrientos un beso pies de Jesús; lloró su dolor con lágrimas quemantes; pero no hubo perdón para su alma manchada en el cieno. De ella había huido, para no volver más, la paloma blanca de la fe, y en su lugar quedóse la serpiente de la duda, que se enroscaba a la garganta del pobre desventurado, para convertir en blasfemias sus plegarias y en roncos gritos de rebelión las súplicas humildes y los ruegos sollozantes.

Hubo un momento en que, al resplandor violáceo de la lámpara de las capilla, creyó ver sonreír los labios virginales de las imágenes, que le miraban hondamente con sus ojos inmóviles. Y entonces se estremeció de la cabeza a los pies, y una legión de figuras encantadoras atravesó su fantasía. Sintió por vez primera que su carne se sublevaba en un impetuoso arranque de erotismo, que sus músculos se contraían nerviosamente, como si fueran a romperse. Un velo denso cubrió sus ojos, dulces notas lejanas llegaron a sus oídos, un aroma de mujer acarició su rostro. Quiso gritar, pidiendo socorro; pero la voz se ahogó en su garganta, le rindió el esfuerzo y cayó desvanecido sobre las marmóreas gradas del altar.

II

Desde entonces su existencia fue un continuado martirio. Cubierto por la máscara de la hipocresía, ocultó a sus hermanos la pena que lo mataba. Al verlo de rodillas, con el devocionario entre las manos y oración en los labios; al mirar la impasibilidad de su semblante y el brillo sereno de sus ojos azules, nadie la se hubiera imaginado que bajo aquella tranquila apariencia, bajo aquella naturaleza en reposo, rugía la tempestad más iracunda. Solamente quien le hubiese examinado despacio habría notado que de vez en cuando una sonrisa sarcástica agitaba los pliegues de su boca y que sus manos se crispaban sobre el libro de oraciones. Durante el día él era el mismo sacerdote modelo de virtudes para sus hermanos. Nada, ni la más ligera frase, había revelado las torturas de su ánimo descreído. Pero en la noche, libre ya de las miradas de sus compañeros, se revolvía en su celda, como un epiléptico. Paseábase aceleradamente por ella, como una fiera enjaulada. Y cuando rendido de cansancio se arrojaba en su duro lecho de madera, permanecía durante muchas horas con los ojos abiertos, sin poder dormir. La luz proyectaba sombras extrañas en el ángulo de las paredes: figuras de animales raros que le hacían gestos grotescos y muecas burlonas Apagaba la llama de un soplo furioso y la obscuridad le producía un miedo infantil haciéndole temblar nerviosamente. Oía vagos ruidos inexplicables, suspiros, sollozos, pasos que atravesaban las galerías lejanas y se perdían en celo viento. Después se dormía con un sueño inquieto, que era una continua pesadilla. Las figuras más extravagantes y diabólicas le asediaban en interminable ronda espectral. Ya eran frailes fúnebres, con cabezas de murciélago, que agarrándolo de los pies lo lanzaban a un abismo sin fondo; ya una caravana de viejas horribles que avanzaba hacia él con los brazos abiertos y una siniestra sonrisa en las caras de pergamino En vano pugnaba por desasirse de aquellos largos brazos de esqueleto. Las furias gemían, tomándolo y besándolo con sus bocas arrugadas y secas. Otras veces un ejército de repugnantes alimañas le perseguía por una llanura interminable. Él corría, corrían desesperado: pero al fin le daban alcance y se despertaba a los mordiscos con que le destrozaban los muslos. Todo jadeante y sudoroso se sentaba en su lecho, con la mirada perdida en la obscuridad. Allí permanecía inmóvil, conteniendo la respiración, hasta que el cansancio le volvía a rendir.

El último ensueño del amanecer le hacía más daño que los anteriores. Entre jirones de nubes color de oro, rodeada de arreboles, veía aparecer en un claro cielo la espléndida figura de una mujer, bella como un ángel, pero con una hermosura altiva y magnífica que provocaba al deleite. Vestía un traje blanco tan sutil, que al menor de sus movimientos se plegaba sobre su cuerpo, delineando sus formas seductoras, sus morbideces deliciosas, a las que el misterio daba un encanto inexplicable. Ella se acercaba a su lecho, al mismo tiempo que la habitación se llenaba de una luz azul que le permitía ver un salón decorado con el más fastuoso lujo oriental, con el esplendor de una riqueza jamás imaginada. Era un palacios mágico, poblado de estatuas admirables, de prodigiosas obras de arte. Allí los cuadros de los más ilustres pintores de la antigüedad, los bronces, los mármoles cincelados primorosamente. A aquel primer salón seguían, en sucesión infinita, otros más bellos aún, en que los colores formaban contrastes sorprendentes al ser iluminados por los tonos cálidos de una inmensa luz rojiza que pendía del techo. Era aquélla como un radiante sol, cuyos resplandores de sangre coloreaban fantásticamente las paredes de mármol blanco, las columnatas de mármol rosado, el piso de mármol negro. Centenares de lámparas de alabastro colgaban de lo alto, sin que se viera de qué cúpula pendían sus cadenas de oro, porque encima de todo aquel derroche de riquezas se alzaba, inmensa y radiosa, la imponente bóveda del cielo. En los ángulos de las habitaciones veíanse todos los primores de arte creados por el genio humano durante veinte siglos. Japonerías exquisitas, sedas de mil colores, púrpuras sangrientas, cincelados vasos de oro: cascos guerreros, armaduras, lanzas y espadas de los héroes, con incrustaciones de pedrería: coronas y relucientes mantos reales para los magnates de la tierra: liras de oro, arpas adoradas con millares de topacios, rubíes y esmeraldas, para los poetas favoritos de la Gloria; manuscritos y libros que llevaban sobre su arrugado pergamino el beso de los milenios, para los sabios insignes que aman la Ciencia: trajes plateados, trajes de una fantasía asombrosa de adornos y colores; encajes delicados, más tenues que un suspiro; blondas frágiles, que flotarían sobre los senos de alabastro como nubecillas de una forma graciosa y extraña; abanicos de plumas casi intangibles y mil caprichos exóticos para las mujeres hermosas enamoradas del prodigio.

Por último, las miradas del sacerdote se fijaban en un sombrío monje, que arrebujado en su capa talar, avanzaba por en medio del gentío compacto, murmurando oraciones confusas. Tras él iba un centenar de hermosas jóvenes, vestidas de negro, cantando una canción apasionada y satánica, pero dulce y grata a los sentidos como si fuera una caricia. Era una especie de coro, formado por las voces más argentinas; un arrullo que incitaba al placer, el reclamo de las palomas ávidas de ternura. Aquel canto iba elevándose poco a poco, en un armonioso crescendo, hasta formar un himno que hacía el efecto de una excitación sexual. Ya no eran acentos melódicos, sino súplicas de pasión: los ritmos convertíanse en ruegos y las palabras en besos que buscaban la boca del sacerdote, que por un raro fenómeno se había convertido en el monje que avanzaba a la cabeza de la procesión femenina. Sí, era él: se reconocía muy bien en un espejo veneciano que tenía delante: era su pálido rostro el que miraba en el cristal. De pronto, al ruido de una estruendosa carcajada, al volverse, miraba a todas aquellas enlutadas, que iban despojándose rápida mente de sus vestidos. Pronto quedaban desnudas, y los ojos atónitos del sacerdote, virgen a todo espectáculo mundano, contemplaban, llenos de un deleitoso asombro, las carnes rosadas y tibias, las mórbidas caderas y los senos en flor de las blancas doncellas que iban aproximándose a él, con los brazos abiertos, los labios trémulos las carnes palpitantes. A la cabeza de todas distinguíase a la joven espléndida que viera al principio bajar del espacio envuelta en un jirón de neblina y sentarse después a la orilla de su lecho. Acercábase, entonando una deliciosa canción obscena y musical, y seguíala la turba, haciéndole eco. El sacerdote intentaba retroceder, presa de un vértigo de sensualidad; pero ella le tomaba en sus brazos, como si fuera leve pluma, y huía con él tan rápidamente como si llevara alas en los pies. Sus compañeras lanzábanse tras ella, dando gritos y riendo locamente. Volaban desesperadas, y ya daban alcance a la raptora, cuando por obra de magia se abría ante ella una puerta formada por un inmenso trozo de cristal de roca, que permitía distinguir todo lo que pasaba más allá del salón, a que servía de reja inconmovible. Allí se detuvo el grupo de mujeres desnudas; y entonces se oyó la carcajada argentina y burlona de la bella vencedora, a la que se unía muy pronto el gemido prolongado y lastimero de las vencidas. La puerta extraña, hecha de un hermoso cristal, comunicaba los salones suntuosos con una alcoba perfumada, construida para los ardientes delirios del amor. Todo lo que incita al todo lo enciende la goce, que sangre, se hallaba allí. En un ángulo de la estancia, un lecho de oro, con cortinajes de púrpura, mostraba su fondo misterioso entre la sombra. A él condujo la hermosa al sacerdote desvanecido por el vértigo. Y para despertarlo puso sus rojos labios húmedos sobre los labios del joven, que se irguió estremeciéndose, mientras ella le contemplaba con la más provocativa sonrisa. Y después, hablándole al oído en un cálido lenguaje, le obligaba a meterse con ella en el lecho, corriendo los rojos cortinajes. El oía después, como en un vago delirio, el llanto desesperado de las monjas que forcejeaban por derribar el muro cristalino, y luego el estruendo formidable de una montaña que se derrumba. Era todo el palacio encantado, que se venía abajo al esfuerzo prodigioso del Deseo y del Amor. Y el sacerdote sentía que se iba hundiendo en el vacío, suave y lentamente; que dos soberbios brazos blancos le rodeaban el cuello y que su boca temblada bajo la intensa presión de una boca de mujer... Y se despertaba con un grito de placer amargo, con una de esas sensaciones enervantes y crueles que invaden el cuerpo después de una pesadilla de erotismo apasionado.

III

Estos furiosos delirios nocturnos, las continuas vigilias y el sufrimiento moral que le torturaba el espíritu, enflaquecieron su cuerpo e hicieron palidecer su semblante. No era ya aquel gallardo joven cuyas formas de efebo se moldeaban bajo la negra túnica sacerdotal. Ahora inclinaba la cabeza sobre el pecho, no aba la cabeza brillaban sus ojos azules, y su paso, lento y silencioso, parecía el de un anciano abrumado por la nieve de cien primaveras. Pero ante sus hermanos, aquella misma actitud meditabunda, aquella decadencia de su cuerpo, le formaban una aureola de mística gloria, creyéndolas fruto de las maceraciones y los cilicios de su fanático fervor religioso.

Los días sucedíanse unos a otros, desesperados para el infeliz descreído. Las tentadoras visiones que le asediaban produjéronle un estado febril, y era de admirar su voluntad inquebrantable para evitar el rompimiento de sus nervios, que vibraban a la menor sensación, como las cuerdas de un arpa. La mágica figura de una mujer encantadora vagaba en torno suyo y le seguía a todas partes. La veía sonreírle entre la semioscuridad del templo, y sus pupilas, de un negro azulado, clavadas en su espíritu, le quemaban el pensamiento. Él no trataba ya de escapar a la obsesión de sus sentidos, convencido de que todo lo que hiciera por conseguirlo sería inútil. Como el ojo de Caín, la imagen adorablemente satánica de su deseo era inmortal en su existencia. Su amor, doloroso y sacrílego, no le daba punto de reposo. Y pasaron así dos años, que le parecieron dos siglos de agonía.

Aproximábase la Semana Santa, y todos los religiosos se aprestaban a celebrarla con solemne pompa. Del vecino claustro llegaban las monjas a la capilla del convento a hacer sus confesiones y rezar sus plegarias.

Aquel miércoles santo ocupaba él el confesonario, a donde iban las dulces ovejas de Jesús a depositar sus culpas. Oía con indiferencia la relación monótona de las monjas, cuyos exagerados escrúpulos llegaban hasta a obligarlas a sentirse criminales por las faltas más inocentes. El confesor, tras un corto discurso, lleno de consejos espirituales, impregnado de suave unción religiosa, las absolvía en el nombre de Dios. La última penitente llegó con el rostro medio oculto por un tenue velo de lino, y con voz temblorosa y apagada empezó su confesión.

—Padre mío —le dijo—, yo me muero de amor. Hace dos años que mi espíritu lucha en vano contra mi cuerpo rebelado, en quien el deseo ha hincado su garra poderosa. He perdido la fe y siento que voy hundiéndome lentamente en el infierno. Mis días son crueles, mis noches pobladas de ensueños horribles, de visiones amorosas que me producen espasmos de placer. De nada me ha servido depositar mi negro secreto en el recinto del confesonario, ni recurrir al cilicio y la maceración. Con un hierro candente he torturado mis carnes, sobre el duro pavimento de mi celda he desgarrado mis rodillas y la vigilia ha puesto diáfano mi rostro. He suplicado al Cielo, me he arrastrado pidiéndole perdón. Pero, ¡ay!, que el Cielo no fue compasivo con mi dolor y me ha dejado sola con mis pasiones, presa de un delirio erótico ante el cual son impotentes la razón y el espíritu. Padre, bien sabéis que en la formación de nuestra existencia Dios hizo el alma y Luzbel el cuerpo miserable. Pues bien, padre mío: mi alma está llena de Luzbel y mi cuerpo le pertenece. Amo, y ¿sabéis a quién? A un sacerdote, a un pálido monje que sólo he visto en sueños. Es bello y ardiente, y le consume, como a mí, la fiebre de los sentidos. Somos dos almas satánicas que ha encendido un amor tempestuoso: dos cuerpos vírgenes devorados por la llama del sexo, por el ansia de confundirse en un abrazo supremo, en un beso de fuego que haga hervir la sangre en nuestras venas, lanzándonos en pleno abismo de voluptuosidad. Le adoro con un amor único que sólo él puede comprender. Mi boca tiene hambre de la suya y mi cuerpo sed de sus caricias. Si me encontrara con él, me arrodillaría a sus plantas, sollozando, ofreciéndole los tesoros de mis carnes en flor.

El sacerdote se alzó del confesonario, brazos cruzados sobre el pecho, lívido como un muerto, avanzó hacia la monja arrodillada. Levantó ésta su velo y ambos lanzaron un grito de agonía, un gemido sobrehumano, que resonó como un siniestro sollozo bajo las bóvedas del templo. Sintió él la tierna sensación de un abrazo de mujer, el suave calor de un seno virginal que se oprimía contra su pecho: después, la impresión suprema de una boca ardiente que le abrasaba los labios... y el golpe seco de dos cuerpos enlazados, rodando por las graderías de piedra.

V

Cuando el sacerdote volvió a la vida se encontró en el lecho de su celda. Las ideas se revolvían en su cerebro como pájaros enloquecidos en una jaula cerrada. En vano intentó de un golpe coordinar sus pensamientos: sus sienes ardían y sus manos se crispaban en violentas convulsiones: pasaban en confuso tropel por su memoria mil recuerdos, imágenes y ensueños, tan fugaces, que apenas tenía tiempo de darles forma. Oía mil gritos diversos, y sensaciones extrañas acudían a su alma. Hubo un instante en que el cansancio físico le sumergió en un vago letargo; y entonces tuvo la visión de su pasado, con todos sus trágicos pormenores.

Tras un largo camino fantástico, cubierto de abrojos, se vió en el confesonario, escuchando la confidencia íntima, el secreto asombroso de aquella monja que le había adorado en sueños, sin conocerle; de la misma manera que él la deseaba en sus rojos insomnios. Aun creía sentir en sus oídos el delicioso halago de aquella voz de música y en su cuerpo la cálida locura de la virginidad excitada, cuando reconoció en las penitente la visión de su primer delirio carnal. Se veían después, lívido y trémulo, estrechando en sus brazos aquellas formas adorables, abandonadas a sus caricias; y tras el largo beso de mortal pasión, rodar como un ebrio por el pavimento... Luego le asaltaba un

44

frío fúnebre; los frailes enlutados, con un gesto de pavoroso asombro, le arrancaban de los brazos el cuerpo de la monja, ya difunta. Y veía por última vez los ojos azules de la hermosa, que le miraban más allá de la tumba, como llamándole... Sobre un túmulo cubierto de largos crespones la colocaron sus hermanas en medio de la capilla del claustro. Estaba muerta, con las manos enlazadas, como dos aves místicas en actitud de volar: sobre sus labios jugaba una sonrisa tenue y de sus pupilas rodaban dos lágrimas por el transparente alabastro de su semblante. Sollozando de angustia, quiso él estrecharla en sus brazos por la vez postrera; pero al contacto de sus caricias, la visión se esfumaba, extinguiéndose en una luminosa neblina.

Despertóle de nuevo la impresión de un escalofrío que le cruzó la espalda como un latigazo; y con los ojos abiertos, sentado al borde de su lecho, comprendió al fin la negra realidad.

La luz que iluminaba su celda vacilaba, próxima a extinguirse, proyectando sobre los objetos sombras errantes. El viento hacía crujir las maderas de la ventana, y a lo lejos, como perdido en un abismo, se oía el lúgubre canto de los monjes, que celebraban en la capilla las honras fúnebres del Cristo ensangrentado, tendido sobre un negro catafalco

Era la media noche del Viernes Santo. El sacerdote, como arrastrado por el recuerdo de la tragedia grandiosa de la cristiandad, queriendo llamar a la fe en un supremo esfuerzo de arrepentimiento, corrió hacia la imagen que brillaba junto a su lecho con un resplandor moribundo, que hacía semejar la herida del costado una roja amapola impresa sobre las divinas formas.

Arrodillóse ante ella y humilló su frente hasta tocar el suelo. Así, con la sien inclinada, permaneció largo rato; pero al convencerse de que el perdón divino no descendía sobre su alma y que el paroxismo del dolor le atacaba de nuevo, irguióse con la soberbia de Luzbel, lanzando una blasfemia... Y rápido y terrible se estrelló la cabeza contra el muro de granito, salpicando la faz del Crucificado con su sangre impetuosa, que salía de su cráneo en oleadas de púrpura...

UN ENCUENTRO FATAL

I

Al bajar del carruaje en la estación, el famoso poeta Jorge Olmedo sintió que algo muy grave pasaba por su espíritu. Presa de un súbito deslumbramiento, como si saliera de una atmósfera centelleante, avanzó como un sonámbulo. Frente a él una peregrina beldad se detuvo. Al volverse, sus ojos se encontraron, y Jorge vibró como si acabara de recibir una puñalada. Fue tras ella sin voluntad y sin pensamiento. El silbido del tren que partía le volvió a la realidad. ¿Sintió alguna pesadumbre al ver frustrado su viaje? Ni la más leve. Comprendió que, después de aquel encuentro, él no podría alejarse de Guatemala. Hizo de nuevo conducir su equipaje y permaneció dos días encerrado en su cuarto.

II

¿Quién era aquella fascinante hermosura que así se atravesaba en su camino? ¿Cuál era su nombre? Él había renunciado a su viaje de regreso a su patria, con el que soñó algún tiempo, sólo por verla otra vez, por oír su voz, por gozar de la gloria de su presencia. Era, en verdad, la singular criatura amada en sueños en su ardiente juventud, el puro ideal de su espíritu y de su sangre, entrevisto rápidamente en los vuelos de la ilusión, que hoy, cuando ya estriaban su cabeza las primeras canas, tomaba forma para cambiar el rumbo de su porvenir.

III

Veía, ahora, la vida, a través de su ánimo atormentado, con profunda inquietud, como si a cada paso fuera a derrumbarse en un abismo de glaciales tinieblas. Un círculo siniestro le rodeaba y una dura mano de bronce le impelía hacia adelante. La fatalidad se agitaba sobre su cabeza, plena aún de soñares y de vagas esperanzas.

El hombre va, en ocasiones, al encuentro de su destino, ciegamente. A veces temprano, a veces tarde, en la primavera o en el otoño. En medio del banal movimiento del mundo y de las fútiles cosas de los días mediocres, uno piensa en lo que está por llegar, en la emoción ignota y definitiva. Y el corazón que ama el combate y la aventura, goza presintiendo esa crisis única, cuyo final misterioso puede ser la felicidad o la muerte. Goza y sufre. Sufre, sobre todo. Porque en ese tremendo juego de la suerte puede el alma perderse irremediablemente.

IV

Se llamaba Stella, y su marido viajaba por el sur de América. ¡Su marido! Cuando Jorge supo que era casada, creyó volverse loco. ¡Casada! ¡Si era apenas una niña de quince años, casi una colegiala, recién salida de la infancia!

V

Fue en una fiesta elegante en donde pudo hablarle por vez primera. Un amigo hizo la presentación. Jorge se turbó a tal extremo que sólo pudo articular, en los iniciales momentos, algunas frases incoloras. Era inexplicable en él aquella torpeza. Acostumbrado desde muy joven a la vida de sociedad y al roce continuo con hermosas mujeres; familiarizado con los ligeros galanteos mundanos; habiendo desempeñado cargos diplomáticos y viajado por todos los climas; y poseyendo, quizá como ninguno, un pasmoso aplomo en sus relaciones de amor, no podía comprender entonces aquella turbación infantil, cuyo recuerdo le llenaba de asombro y de cólera. La verdadera emoción amorosa vuelve niños a los hombres fuertes.

Pero, poco a poco, fue recobrando el absoluto dominio de su ser ante la cordial simpatía que la joven le demostró en frases inolvidables y acariciadoras.

Volvió a sentirse dueño de sí mismo y la palabra brotó de sus labios sonora y profunda...

VI

Lenta y angustiosamente fue acostumbrándose a considerarla como una mujer y no como un ángel. Y evocó, en la árida soledad de sus noches, aquel perfil incomparable de gracia y de sueño. Era una excepcional reproducción del tipo femenino descrito maravillosamente por D'Annunzio. *"Su cuerpo era ligero y largo, de una largura tal vez excesiva, pero llena de serpentinas elegancias".*

Alta, mórbida y morena, su rostro parecía un inefable milagro de pureza y de encanto. La frente mediana, los ojos como dos eternidades, la nariz grácil, de una suave redondez las mejillas y el mentón; y, como una flor de amor y de muerte, el tesoro inaudito de la boca, rosada y voluptuosa y espiritual, soberana seducción de su divina persona.

Boca que Jorge adoró de manera dolorosa y trágica. Boca de dientes pálidos y de encías de un claro matiz sangriento, vaso de aromas y de celestes azúcares y de placeres únicos y sobrehumanos... Así era la boca de Stella de Meurice.

VII

Fue en un obscuro atardecer de noviembre, cuatro meses después de haberla conocido —cuando la encontró en una de las arboledas de *La Reforma*. Él quiso excusarse, pero ella se adelantó resueltamente.

—¿Por qué me huyes? —exclamó—. Hace dos semanas que permaneces encerrado. ¿Qué te he hecho?

—Señora —murmuró Jorge, lentamente, con triste sonrisa—, le tengo miedo. Me ha hecho mucho daño.

—¡Dios mío! ¿Qué daño te pude hacer?

—Sufro una pena que sólo la muerte calmará. Eres demasiado linda y te adoro sin esperanza.

Se miraron un segundo. Y cubrió sus semblantes una palidez sepulcral.

Caminaron sin hablar. Se esfumaba el crepúsculo y un gélido viento hacía gemir los árboles. Frágiles nubes erraban como áureos encajes en el brumoso horizonte.

—¿Qué piensas hacer? —preguntó ella, de pronto, con una voz extrañamente dulce, con un temblor de llanto.

—¿Yo? —dijo él, cual si volviera de un sueño—. ¡Morir!

Las hojas amarillas continuaban gimiendo. La noche desataba su cabellera de luto. Y el mundo les pareció negro como las tumbas.

Se separaron sin mirarse, con los corazones agonizantes y las manos frías.

—¡Adiós! —suspiró él.

Nada más.

VIII

Nacido en la noble tierra en donde las mujeres casadas son símbolos de virtud, Jorge no alimentó la más remota esperanza. Ella no cedería jamás. No la poseería nunca...

Y fijó su anhelo fuera del horizonte de la vida.

IX

Pasó un mes. Stella, insomne y ojerosa, vagaba por su casa como una sombra, víctima de un mal pertinaz. Acostumbrada a ver a Jorge todos los días, le desesperaba su ausencia. Su recuerdo la perseguía suave y amargamente. Vivía de las palabras, de las miradas, de las sonrisas del amado taciturno, que iba inconsolable hacia la tumba.

—¿Lo dejaré morir? —pensaba—. ¿Cómo librarle de su destino?

Una negra inquietud la asediaba a toda hora. No había vuelto a verle desde la tarde obscura de la despedida. ¿En qué meditaba? ¿Estaría enfermo y solo? ¿Qué hacer?

X

La atacó una violenta fiebre que la retuvo varios días en el lecho. Una mañana sintió el cerebro lúcido, y que el dolor de amor, como una aguda espina, se le clavaba en las entrañas...

—Hoy le llamaré —se dijo—. No puedo más. Seré suya y le salvaré. Lo amo y me será imposible vivir sin él.

Un ligero sobresalto, como un sutil calofrío del espíritu, la agitó un instante.

Dominada por una fuerza oculta, casi inconscientemente, tendió el brazo hacia la mesa de noche una carta que atrajo sus miradas.

Hoy dormiré en la paz del sepulcro —le decía Jorge—. *Me doy la muerte porque sin ti la causa horror.*

Sin aliento y sin voz, hizo un gran esfuerzo, y miró la fecha. Tenía una semana de atraso.

Con los ojos entrecerrados y los labios pálidos, de lo más hondo del alma, se le escapó un tenue suspiro y su linda cabeza cayó desvanecida sobre la almohada.

ROMANZA DE ULTRATUMBA

2 de noviembre

I

Cuando ella vivía sobre la tierra, nuestras almas unidas soñaron en este fúnebre aniversario muchos sueños profundos.

Tras los cristales opacos cae lluvia, tenuemente.

Grises neblinas cubren las montañas, en el horizonte; y todas las cosas, en el pálido crepúsculo, parecen quejarse de un dolor inconsolable.

Cuando ella vivía sobre la tierra, nuestras almas unidas soñaron en este fúnebre aniversario muchos sueños profundos.

—Héctor —me dijo la amiga inolvidable—, ¿crees en la vida futura? ¿Adónde van los sueños del espíritu y el amor de las almas cuando la losa del sepulcro se cierra sobre los cuerpos inanimados? Yo no temo la muerte; más bien la considero como una piadosa libertadora; pero a veces me conturba su terrible misterio.

Yo le expuse mis dudas y meditaciones sobre el más allá; y mis extrañas teorías la dejaron pensativa.

—La vida material se extingue —concluí—. Pero en la forma fría, en el cerebro inmóvil, y después en los huesos amarillos, queda aún una fuerza prodigiosa. El recuerdo persiste y hace ver, como en la alucinación de un sueño, todo lo que pasa en el mundo. Una clarividencia singular, una sutilidad en los detalles, nos muestran los actos y los sentimientos de las personas a quienes estuvimos unidos. La expiación de nuestros crímenes o errores está en esa trágica persistencia del recuerdo. Desde el instante en que concluye el vigor vital, todas las muertas energías se resumen poderosamente en esa única fuerza de visión. Ya en la tumba, nosotros vemos, oímos, todo lo que hacen o dicen, y aun piensan, los seres que en la tierra estuvieron ligados a nosotros por la sangre o por el afecto. Escuchamos sus voces, sentimos su presencia; y sufrimos horriblemente al ver cómo, pasadas las primeras horas de duelo, nos van olvidando. Apenas el dolor empieza a atenuarse cuando ya no somos, en el espíritu de todos los que amamos y que nos amaron, sino una vaga sombra melancólica, que la banal indiferencia del mundo

51

no tardará en borrar. A medida que nuestra memoria se extingue en su corazón, surgen en él otras ternuras y otras imágenes ocupan nuestro lugar. El amante o esposo muerto ve cómo otro hombre llena luego el alma de su amada; ve cómo la acaricia y la hace suya, mientras él sufre un tormento satánico en el fondo del sepulcro. El hijo, el hermano o el amigo, aherrojados en la tremenda cárcel, se estremecen continuamente de dolor, heridos por la fragilidad de los sentimientos humanos. Y esa espantosa pena se alarga indefinidamente, según la magnitud de las faltas cometidas en la tierra; hasta que al fin, terminado el negro castigo, nos envuelven las plácidas sombras del nirvana.

—Pero, ¿no crees que pueda existir un ser superior que haga de su corazón el santuario religioso de un recuerdo? Yo sé amar hasta la muerte, hasta más allá de la muerte. Mañana mismo, si tú murieras, querido Héctor, mi boca dejaría de sonreír y ninguna alegría humana hallaría eco en mi espíritu. Por lo demás, yo creo en la vida eterna. Si yo muero antes que tú, mi alma se manifestará a la tuya de una manera profunda.

II

Hace ya muchos años que la dulce criatura reposa bajo la tierra, que vive bajo la tierra; y he aquí de qué modo su espíritu vino a besar mi espíritu:

...Ella amaba la música honda e intensa, que hace soñar nobles cosas y embriaga el alma con un vino de ilusión. Sabía hacer llorar al piano, de amor o de pena. Era su favorita una romanza impregnada de lágrimas; una romanza deliciosa y pura, cristalina y triste. Le gustaba tocarla hora del el sol agoniza, cuando el salón se sombras surcadas por fugaces resplandores de Hundido en sofá, en ángulo obscuro, yo en lo más recóndito de mi ser, las notas dolorosas.

Me encontraba al anochecer de un día otoño en una tierra muy extraña, muy lejos del lugar en que ella duerme. Eran en el campo y reinaba el silencio. La luna se alzaba en la misteriosa lejanía, como un enorme lirio de plata. Pensaba, como siempre, en la muerta adorada, viva como nunca en mi espíritu.

De improviso llega mí, del brumoso horizonte, de no sé qué ámbito remoto, una melodía sobrehumanamente triste, que me habla de cosas profundas y me hace sufrir una pena inmortal... Cerré los ojos, vibrando de dolor; y sentí durante un segundo, mientras se extinguía la romanza de ultratumba en el aire inmóvil, sobre mi boca o sobre mi corazón, el sabor, sólo por mí conocido, de sus besos...: de sus besos deliciosos y crueles, que enseñaron a mi alma una nueva tristeza y dejaron mis labios pálidos, pálidos hasta la muerte.

LA NOVIA DE LUDOVICO

I

Una amistad íntima me había unido desde la infancia a Ludovico. Fuimos condiscípulos en el colegio del doctor Bernal, y durante aquellos años monótonos de internado vivíamos siempre juntos, llegando entre nuestros compañeros a ser citado nuestro afecto como algo único y extraordinario. En efecto, creo difícil encontrar una amistad más sincera, más honda que la nuestra, y esto era debido, sin duda alguna, al raro contraste de nuestros temperamentos, a la desigualdad de caracteres y la uniformidad casi absoluta de nuestras inteligencias.

A los veinte años, Ludovico era un hermoso tipo romántico, de mediana estatura, delgado, un poco pálido, de grandes ojos negros y frente soñadora, coronada de sedosos cabellos. Era muy simpático, correcto en el vestir, con un aire de elegancia que lo distinguía.

Apasionado por las mujeres hermosas, fue siempre, sin embargo, ante ellas, tímido y discreto. De temperamento melancólico, de imaginación ardiente, sensitivo, ingenuo, mi amigo era un raro ejemplar de esas naturalezas vibrantes y refinadas, producto de las razas en decadencia. Su espíritu cristalino, delicado, susceptible, guardaba relación íntima con su cerebro poblado de visiones. Hacía versos musicales y hondos. Su poesía favorita era la fantástica, la doliente, la poesía crepuscular, impregnada de vagas sombras misteriosas, de nieblas y fugitivos fantasmas. Su jardín estético estaba poblado de rosas fúnebres, de amarillas flores de cementerio. No era el poeta de la vida, brillante y revolucionario, que ama el combate, el vino y el amor, las auroras radiosas y los soles espléndidos, sino el poeta de la Muerte, taciturno y visionario, amador de los azules ocasos, de los placeres espirituales, de las noches de luna y de las mujeres tristes. Vivía la vida del pensamiento, sumergido en la lectura; y de allí el aspecto severo de su semblante, su aire grave, su prematura experiencia, que no tenía nada de mundana.

Fue algunos días después de nuestra salida del colegio cuando resolvimos vivir juntos. Los dos éramos huérfanos, solos en el mundo, con unos cuantos parientes lejanos que vivían en pueblos remotos. Alquilamos una pequeña casa, compuesta de un salón y dos cuartos, con un jardín poblado de grandes árboles. Era aquella una vivienda lóbrega, obscura, llena de misterio. En los días invernales semejaba un gran sepulcro silencioso. Sin embargo, Ludovico parecía feliz en aquella morada solitaria. Sentado en su escritorio, cerca de una de las grandes ventanas de su cuarto, que daba al jardín, pasaba horas enteras en la meditación y el estudio. Yo, ocupado durante el día en una oficina de comercio, apenas veía y hablaba a mi amigo en las horas de la noche. Nuestras veladas tenían una intimidad fraternal. Leíamos algunos trozos de literatura contemporánea o charlábamos de nuestros proyectos para el porvenir, mientras fuera gemía el viento, haciendo temblar las maderas de las puertas.

Una tarde observé que mi amigo Ludovico —contra sus hábitos comunes de quietud— se paseaba aceleradamente por su habitación, como presa de un violento dolor.

—¿Qué tienes? —le pregunté.

—¿Lo creerás? —me dijo—. Estoy celoso. Amo y soy amado; pero me muero de celos. Luisa —ya sabes— me ha enloquecido. Me ha jurado cien veces adoración hasta la muerte; pero yo ambiciono más: que me ame aún más allá de la muerte. Ella tiene un enamorado tenaz, un primo que es su sombra. Hace un momento la he visto en el balcón de su casa acompañada de ese odioso rival, y un negro presentimiento me dice que ese hombre será su verdadero dueño.

—Sí, Fernando —añadió en voz baja—; yo soy un moribundo; no veré la próxima primavera. Un negro mal, una vieja enfermedad del corazón, está minando mi vida. Muy pronto desapareceré bajo la tierra.

Yo no volvía de mi asombro. ¿Ludovico enamorado? Recordé entonces que él tenía una discípula, la señorita Luisa Ollivant, a quien enseñaba idiomas.

Era una encantadora joven de diez y seis años, blanca, esbelta, deliciosa. Su madre —que apreciaba y quería a Ludovico como si fuera su propio hijo— los había dejado amarse, pues de este modo se explica la libertad de que gozaban y que yo observado desde hacía algunas semanas. Pero lo que verdaderamente me impresionó fue la última confidencia de mi amigo sobre su muerte próxima. No cabía en mi ánimo aquella negra idea de su desaparición eterna, de su partida hacia el misterioso país sepulcral. Entonces asaltaron mi memoria detalles a los que no había dado importancia alguna: los insomnios de mi pobre hermano, su aspecto macilento, su color espectral, sus movimientos febriles y el extraño brillo de ojos, en los que observé una luz funeraria. Sí; Ludovico moriría antes de que llegara la primavera.

Presa de una emoción que me ahogaba, no pude decirle una frase de consuelo: y me retiré a mi cuarto, en donde lloré como un niño.

II

La salud de mi amigo fue empeorando, hasta el punto de que se vio precisado a guardar cama. De nada servían la ciencia y los cuidados del médico.

Luisa y su madre lo asistían con verdadera abnegación. La pobre niña sufría horriblemente: amaba a Ludovico, y desesperada lo veía desaparecer. Sus bellos ojos estaban casi siempre llorosos y la risa huyó de su boca. Era, ciertamente, una criatura espiritual y sentidora, de alma triste y fantasía llena de sueños. En las interminables veladas alrededor del lecho de moribundo, Luisa y yo conversábamos en voz baja. El motivo de nuestras pláticas a media voz era la enfermedad Ludovico y todo lo doloroso del próximo fin que esperábamos.

Cierta noche, como las once, en que el rumor de nuestras conversaciones se había hecho más prolongado que de costumbre, sentimos un sollozo que provenía del lecho de mi amigo. Acudimos inmediatamente y encontramos a Ludovico, lívido, con los ojos inmensamente abiertos, de los que brotaban gruesas lágrimas.

—Me haces mucho daño —dijo.

Y se volvió hacia la pared..

Comprendimos que estaba celoso, y desde aquella noche permanecimos separados y mudos.

III

La antevíspera de morir Ludovico pude comprender hasta qué grado llegaba su pasión por Luisa. Miraba la joven el vasto jardín través los cristales, distraída, inconsciente. El enfermo, sin hacer ruido, se volvió hacia ella y se quedó mirándola, con una mirada terrible, inexpresable, espantosa; con una mirada en la que se mezclaba la ternura más ardiente al dolor más hondo y —¿por qué no decirlo?— al odio más profundo. Sus ojos tomaron una expresión siniestra y se revolvieron en sus órbitas como si quisieran saltar. Después se cerraron y la cabeza del enfermo cayó como desvanecida sobra la almohada.

En la tarde de ese mismo día, aprovechando un momento en que la joven y su descansaban, me llamó mi amigo, y haciendo que me sentara en su mismo lecho, me dijo lo siguiente, con voz temblorosa:

—Fernando, me siento morir, esto se acaba. Dime, ¿tú amas a Luisa?

—¿Yo? Absolutamente.

—Júralo por la sangre del Cristo. Jura que no la amas y que ha de ser sagrada para ti la novia de tu hermano muerto.

—Lo juro —exclamé conmovido.

—¡Gracias! Me has quitado un gran peso del corazón. Ahora, óyeme: yo quisiera matarla, llevarla a la tumba conmigo. Me desespera la idea de que pueda ser de otro. ¡Es tan bella y la adoro tanto! Aquí tengo —continuó, mostrándome un pequeño cuaderno forrado en seda negra— descritas las violentas impresiones de este amor extraordinario que —recuérdalo siempre— vencerá a la Muerte. Además, allí dejo consignado mi supremo deseo de que esa niña muera virgen y casta. Guardarás ese cuaderno después que yo ya no exista, y si algún hombre ocupa un día mi lugar en el corazón de Luisa, entrégaselo de mi parte. Mi espíritu se encargará de cumplir la terrible promesa que en él dejo expresada.

Dos días después murió. Yo le vestí su traje negro, y después de besar su frente por la última vez, y acompañar piadosamente sus restos al cementerio, me encerré en mi habitación, en donde permanecí durante nueve días, acompañado de los crueles recuerdos de mi amigo. Había recogido el cuaderno, según su deseo, y lo guardé, sin leerlo, en uno de cajones de mi mesa de noche.

Luisa parecía inconsolable. Lloraba a todas horas y estaba muy ojerosa. Yo iba con frecuencia a visitarla... y ¡cómo decir que a los tres meses de muerto Ludovico, la remembranza, el cariño que profesábamos al difunto, ciertas intimidades familiares... y sobre todo la dulce belleza, la fresca gracia de la joven, el encanto irresistible que emanaba de su persona, de su boca, de sus ojos, me habían hecho olvidar mi juramento para entregarme por entero a las sensaciones deliciosas de un amor correspondido.

En medio de los arrebatos de aquella avasalladora sentía un remordimiento vago, una inquietud; ¡ay!, tan leves ante el amor frenético que encendía mi sangre.

Yo no había contado Luisa nada de lo que mi amigo me dijo la antevíspera de morir, ni mi juramento; ni le di a entender la existencia del extraño cuaderno. Quizá si ella hubiera sabido estas cosas no hubiese entregado su alma con tanta sinceridad.

Debo confesar que aquel cuaderno fúnebre me causaba un horror inexplicable. ¡Cuántas veces me había propuesto leerlo, y en el momento de soltar las cintas que le ataban, mis manos trémulas retrocedían presas de una agitación irresistible! Hacía algunas noches que mi sueño era intranquilo y lleno de visiones lúgubres que me obligaban a despertar sobresaltado. Y ¡caso particular! La primera idea que se me ocurría, ya despierto, era la del manuscrito misterioso, que, según la voluntad del muerto, debía entregar a Luisa, lo que, en verdad, no podía hacer; llegando a formar una obsesión tan tremenda en mi ánimo, que ya no se separaba un segundo de mi pensamiento ni de mi espíritu. A todas horas y en todas partes veía aquel pequeño libro forrado en negra seda, provocándome a que me enterara de su contenido y rechazándome cuando mis manos llegaban tocarlo. Me parecía que de la lectura de aquellas páginas me vendría una irremediable desgracia; que mi ignorancia de aquel secreto terrible, de aquella amenaza muerte, conservaría mi ser en una relativa tranquilidad, hasta donde esto fuera posible, después de quebrantar el juramento hecho al muerto.

IV

Una noche de noviembre gozaba yo de la delicia de un buen calor, arrellanado en un gran sillón, oyendo a Luisa ejecutar en el piano la música fantástica de Wágner, mientras fuera caía la lluvia a torrentes y se quejaba el viento errante llamando los cristales. Vestía ella un traje blanco que le sentaba admirablemente, dejando ver el nacimiento del seno delicado y la garganta perfecta.

Aquella linda joven embriagaba como un perfume: desprendía de toda ella un aroma de misterio, una poesía suave y lánguida, un no sé qué vago y poderoso que inspiraba una sensación sexual, a la que se mezclaba ese respeto místico que nos inspiran ciertas imágenes que admiramos de niños en los templos cristianos. No es, pues, extraño, que la sangre de mis veintidós años se encendiera a la vista de tantas gracias, y que en un arrebato de locura, viéndome solo con ella, me inclinara sobre el piano, y aprovechando un momento feliz, intentara besar su boca virginal. ¡Ah! ¡Nunca lo hubiera pensado! Casi en el mismo instante sentí un dolor agudísimo, en el lado izquierdo del pecho, como si una mano de hierro estrujara mi corazón; y al enderezarme, vi, sí, vi, en el espejo que tenía delante, el rostro lívido de Ludovico; vi sus negros ojos que me miraban iracundos, amenazadores, espectrales. Aunque la visión fue tan fugaz, pude apreciar, en todos sus detalles, el dolor de aquel semblante para mí tan conocido. Debí ponerme densamente pálido; y mis manos temblaron, como si fuera víctima de un ataque de epilepsia.

Afortunadamente, Luisa no advirtió mi turbación, dominada como se hallaba por la sorpresa que le causó mi conducta.

Algunos momentos después me retiraba de su casa. Al entrar en mi cuarto, luego de atravesar la habitación que ocupó Ludovico y cuya fría humedad me hizo estremecer, noté, con asombro mezclado de espanto, que sobre un retrato de Luisa, con que ella me había obsequiado, estaba el cuaderno fúnebre, objeto de mis continuas preocupaciones. ¿Quién podía haberlo sustraído del cajón en donde lo guardaba? En la casa no había un solo criado, pues la persona encargada de su arreglo y limpieza llegaba todas las mañanas, retirándose así que concluía su trabajo. Saqué de mi bolsillo las llaves de los cajones, y las apliqué a éstos. Todos estaban bien cerrados, y aquellas llaves, de forma especial, presentaban una seguridad absoluta para el caso de que hubieran tratado de abrir los depósitos con otras llaves comunes. Además, la cerradura estaba intacta, sin señal de violencia. Espantado de aquel suceso y decidido firmemente a concluir con el cuaderno perturbador, encendí un gran brasero, y tomando con mano audaz el libro fatídico, desanudé las cintas que lo ataban y empecé a arrojar, una por una, sus hojas en la llama, que bien pronto fue creciendo hasta llenar de resplandores fugaces y sombras fantásticas la habitación. Veía, con una especie de placer criminal, cómo el fuego iba convirtiendo en polvo aquel manuscrito que tantos terrores me había causado. Los menudos caracteres de la letra de mi difunto amigo blanqueaban vagamente en el fondo negro de las vibrantes cenizas, y estaba ya para terminar mi obra destructora, y gozaba de antemano viéndome al fin libre aquella tenaz obsesión, cuando sentí en el pecho, al lado izquierdo, el mismo dolor agudo, terrible, que me atacó hacía media hora, al querer besar el lindo rostro de Luisa. Arrojé al fuego las últimas páginas y mientras crujían lentamente, el dolor se me hizo tan espantoso que creí morir y lancé algunos inconscientes gritos de angustia; pero al extinguirse la llama, se calmó como por encanto.

Desde aquella fecha no podía demostrar mi amor a Luisa con alguna de esas atenciones —tan insignificantes en el fondo, entre dos enamorados—, sin sentir la sensación violenta que ya dos veces me había enloquecido; pero más apagada que en los anteriores accesos. Llegó a tal extremo aquella insoportable molestia, que me vi obligado a privarme hasta de estrechar la mano de la pobre niña, que sufría mucho por este cambio, juzgándolo hijo de la indiferencia.

Pero, ¡cuán equivocada estaba! La pasión que me inspiró se hacía cada vez más imperiosa, quizá por efecto de todos los excepcionales obstáculos que se levantaban en el camino de mi felicidad. Comprendía que Ludovico me la disputaba aún más allá del sepulcro, pues no era sino su mano invisible la que me oprimía el corazón cada vez que demostraba mi amor a la que era, desde las últimas semanas, mi prometida. De seguro que el cuaderno felizmente quemado contenía todas las horribles amenazas que un amor imposible hizo al hombre desconocido que algún día pudiera ser dueño del objeto idolatrado. Y al pensar en la obstinación celosa del alma del difunto, me llenaba de cólera, y olvidándome de que ya una vez había sido perjuro, me juraba a mí mismo hacer mía aquella niña encantadora, por la que tan sobrehumana lucha se había entablado entre nuestros espíritus. ¿De quién sería la victoria? Lo ignoraba; pero tan decidido me sentía a llevar a cabo mis resoluciones, que a pesar de los frecuentes dolores que me asediaron cuando estaba cerca de Luisa, nuestro matrimonio se verificó quince días después.

Yo había hecho arreglar convenientemente la antigua casa que habitaba para recibir en ella a mi esposa. Mudé los tapices y las alfombras, cambiando los muebles viejos por otros nuevos y elegantes.

En la estancia que ocupó Ludovico arreglé la alcoba nupcial, por un capricho maligno que me hacía desear encontrarme con Luisa, en la primera noche de amor, en la misma habitación en que expiró aquel amigo convertido ahora en enemigo de mi felicidad. Así, pues, hice colocar la gran cama de caoba comprada la víspera, en el mismo lugar en que expiró Ludovico.

V

Cuando penetré en aquella estancia, en la alta noche, llevando abrazada a bella joven con quien me uniera el día anterior, sentí que la suprema ventura invadió mi alma. Mientras Luisa se metía en el lecho, yo hojeaba impaciente un álbum de acuarelas holandesas. Pero cuando quise reunirme a mi amada, sentí, hondo, triste, lastimero, un sollozo que salía del mismo lecho nupcial. Era exactamente el mismo con que la antevíspera de morir nos demostró Ludovico el sufrimiento que le causábamos oyéndonos hablar en voz baja. Para que no me quedara la menor duda, el sollozo volvió a oírse, más prolongado, más suplicante. En ese momento, viendo el rostro risueño de Luisa —para quien estos rumores no tenían efecto—, pues en ninguna ocasión la presencia del espíritu de su primer amor se había hecho sentir cerca ella— al verla, digo, tan seductora, tan provocativa, salté en la cama, todo trémulo; pero retrocedí casi al mismo tiempo, lanzando un grito que hizo desmayarse a la joven... Acostado en el sitio que correspondía en el tálamo, vi a Ludovico, en la misma actitud en que lo contemplé la última vez sobre túmulo... Sólo sus grandes ojos negros me miraron con una expresión feroz, de triunfo, de burla, de odio, como si quisiera arrancarme el alma. Sentí que me volvía loco de terror, que mis dientes rechinaron, que rodaba por la alfombra como herido por un rayo.

VI

A la mañana siguiente aún no había recobrado la razón. Estuve muriéndome, durante mucho tiempo, y cuando me levanté apenas pude reconocerme. Tenía el aspecto de un anciano y los cabellos completamente blancos.

El dolor sobre el corazón, profundo, terrible, continuo, me hizo desesperar de la vida. Observé que Luisa me cuidaba con toda la solicitud de su ternura, con una especie de lástima compasiva al verme en aquel estado. Ella nada sabía de aquellas cosas extraordinarias, de aquellos fenómenos fatídicos de que yo había sido víctima.

Resolví, en cuanto recobré algunas fuerzas, alejarme de mi esposa. Tan pronto como puse en práctica mi idea, el dolor que me desesperaba fue cediendo, hasta desaparecer por completo.

Me radiqué en un pueblo lejano y obscuro, en casa de mis parientes, y allí recobré todas mis perdidas energías, hasta el grado de que a vuelta de dos años, hallándome con valor y con fuerzas para cualquiera empresa temeraria y llegando a mis oídos la fama de la hermosura y del amor que me profesaba mi esposa, decidí ir a reunirme con ella, haciendo un supremo esfuerzo por reconquistar mi felicidad.

La víspera de mi viaje, después de acomodar en una maleta mis trajes y mis libros, me acosté cansado y pronto me dormí, para luego ser presa de una espantosa pesadilla... Vi en sueños a Ludovico atravesar un negro espacio, llevando en sus brazos a Luisa, ya muerta... Me desperté de improviso, creyendo oír mi nombre pronunciado por una voz doliente y amorosa.

Bajo la impresión de este cruel ensueño, renuncié a mi viaje.

Algunos días después recibí una carta enlutada, en la que un amigo me daba la noticia de la muerte de Luisa.

"Estaba, en el instante de morir, con los bellos ojos abiertos, intensamente pálida; y te llamaba con voz triste y desfallecida. La vistieron con el traje nupcial".

Comparé las fechas. Había muerto la misma noche y a la misma hora en que oí mi nombre en sueños. Era su dulce voz la que me llamaba.

EL VALOR

I

De regreso de la cacería de venados encontráronse los tres jóvenes con Carmen, la hermosa heredera de don Julio Vergara, el viejo más rico de Olancho. Los tres habían pedido su mano y eran sus huéspedes por invitación especial que recibieran

Mientras cruzaban la vasta llanura, a cuyo final veíase el rojo tejado de la hacienda, Joaquín y Luciano contaban sus proezas cinegéticas en un lenguaje hiperbólico que arrancó a Claudio una discreta sonrisa.

Ella lo notó. Acercósele preguntando:

—¿Y a usted no le ocurrió algún percance peligroso?

—Ninguno, señorita.

—Lo siento. Porque nada me entretiene tanto como escuchar episodios trágicos o simplemente anormales en que triunfan los audaces. Aprecio el valor como la más alta virtud personal. Y no podría, de manera alguna, casarme con un cobarde.

Luciano y Joaquín fueron de su opinión. Y, para ampliarla, relataron innumerables casos de su propia bravura.

—¿Y usted es valiente, Claudio? —interrogó la hermosa.

—Lo ignoro, Carmen. No he tenido ocasión de saberlo.

Permanecieron sin hablar las cuatro personas, caminando sobre las yerbas menudas. El sol doraba las cumbres remotas; y los alcaravanes perseguíanse revolando casi a flor de tierra.

II

Carmen iba un poco adelante, como una joven reina escoltada por los caballeros con el arma al hombro.

Meditaba ella, indecisa, procurando adivinar en cuál de los tres se resumirían las condiciones primordiales del perfecto marido. Aquella misma noche tendría que resolver el arduo problema, pues finalizaba el término señalado por su padre.

Luciano era galán. Alto y robusto, de aspecto marcial y tono dogmático que no admitía réplica.

Joaquín mostraba aún mayor volumen físico. Blanco, de bigote rubio, distinguíase por su inagotable verbosidad.

Ambos poseían títulos académicos y no llegaban a los treinta años.

Claudio, de escasa estatura, era muy parco de palabras, y algo tímido. Pero en su fisonomía morena radiaba un extraordinario encanto y en la expresión de sus ojos claros adivinábase un noble espíritu. Huérfano desde la infancia, pobre y soñador, amaba hondamente a Carmen y vivía dominado por esta obsesión amorosa.

La gentil muchacha no estaba enamorada de ninguno; pero ninguno le era antipático. Aunque sentía una inclinación más secreta por Luciano, miraba con alegres ojos a Joaquín, inquietándole extrañamente la honda emoción que sentía vibrar en Claudio.

¿Por cuál iba a decidirse?

III

Rápidamente ella sintióse intranquila, señalando, a corta distancia, un rebaño compacto echado sobre el sendero.

—El toro negro que está en medio de los otros es una fiera peligrosa. Lo llevaron a Juticalpa en la última función de diciembre y en la plaza dió muerte a un infeliz toreador. Cojamos nuevo rumbo.

—¡No! ¡No! —gritó Joaquín, juzgando que la joven bromeaba, queriendo ponerlos a prueba—. Por ahí pasaremos, y si nos ataca, ya usted verá...

—Sí, por ahí pasaremos —repitió Luciano.

—Quítese, al menos, el delantal rojo, Carmen —expuso Claudio—. Ese color atrae a los toros.

Sus rivales miráronle burlonamente. Y la muchacha le preguntó si tenía miedo.

—No tenga cuidado añadió. Estos dos caballeros me defenderán.

IV

A medida que el grupo avanzaba, los cornúpetos grupo fueron alejándose. Pero los dos galanes empezaron a dar grandes voces, seguros ya de la mansedumbre del toro con que Carmen quiso asustarlos. Envalentonados con sus propios gritos arrojáronle a la cabeza algunos troncos secos, provocándole con los sombreros.

Volviéndose de pronto, el negro cuadrúpedo plantóse en medio del camino y lanzó al aire gruesos yerbajos polvorientos con los duros cascos. Mugió sordamente. Todo su cuerpo tembló de coraje. Y se lanzó hacia adelante, en un violento ímpetu.

Luciano y Joaquín retrocedieron. Y al ver que el animal se dirigía sobre Carmen, echaron a correr por la llanura.

Claudio arrancó a la joven, inmovilizada por el espanto, el delantal rojo, avanzando con él en un brazo hacia la fiera, que cambió de rumbo con los ojos fijos en el trapo. A dos varas de los cuernos, sin perder un segundo su natural sangre fría, le hizo un certero disparo con la escopeta. El toro se detuvo y luego rodó sobre el gramal.

Entonces Carmen, encendida y trémula, se aproximó al joven, abrazándole apasionadamente.

—¡Te amo, Claudio! —le dijo—. ¡Seré sólo tuya!

TARDE ANTIGUA

Fue —según Plinio— en un país mágico, en una tarde antigua.

Sentáronse, bajo un dosel de púrpura, los reales amantes, Cleopatra y Marco Antonio.

Exormaba la deliciosa cabeza de la egipcia una corona de múltiples flores, cuyos pétalos, envenenados previamente, resplandecían entre los cabellos.

La terrible dominadora de corazones empezó a hablar, y el romano la miraba en silencio, embriagado de amor. Nada existía entonces para él sino el movimiento fugaz de aquellos labios rosados y frescos, que tantas veces impusieron su voluntad sobre el espíritu de varones ilustres.

Con un ademán instintivo él tomó de una mesa de mármol azul la copa plena de falerno, incrustada de rubíes y de perlas. Pero ella desgranaba sus risas y palabras tan armoniosamente que el guerrero se olvidó de beber.

Entretanto la legendaria sirena, con sutil movimiento, deshojaba, entre sus dedos divinos, sobre la copa de su amante, menudos pétalos de las fúnebres flores.

Y así que ella enmudeció y que pudo él librarse del voluptuoso encanto de su voz, quiso apagar su sed. Pero Cleopatra retuvo entre las suyas la mano derecha del héroe, e hizo apurar el tósigo a un esclavo nubio, que rodó por tierra fulminado.

Y la sobrenatural criatura dijo a Marco Antonio, con una tenue sonrisa enigmática, echándole dulce- mente los brazos al cuello:

—Mira cuán fácil me sería matarte. Pero yo te amo y sin ti no puedo ser feliz.

EL VIENTO NOCTURNO

—El viento nocturno ha venido a decirme cosas muy tristes —murmuró el pobre hombre—, mirándome extrañamente con sus míseros ojos de alcohólico. Lo sabe todo... el raudo viento de la noche. En los pliegues sutiles de su ráfaga sonora, como sobre las alas de un pájaro hiperbóreo, vaga el alma misteriosa del futuro. Él dice, con su voz inmortal, la historia de los siglos remotos y predice el porvenir a los hombres señalados por el dedo del aleve destino. Él sabe el secreto de las hondas melodías y de las palabras mortuorias. Anoche, mientras soñaba inefablemente con unos ojos claros y distantes, me despertó el viento helado con un rumor de seda que cruje y con una caricia gélida y fugaz. Sentí sobre mi frente el frío de una lápida y me imaginé que bajo de ella todos mis pensamientos estaban muertos... Y fue entonces cuando oyó mi espíritu aquellas cosas tan tristes y profundas...

Yo pregunté al miserable:

—¿Y qué os dijo el fúnebre viento?

—No lo podré decir ahora, señor —contestó, palideciendo—. Son cosas que me hacen delirar... Son cosas de la otra vida. Ni el agua del surtidor en las altas horas del plenilunio, ni el murmullo de los sauces en las necrópolis desiertas, ni los extraños rumores que en las lejanías surgen de las negras sombras, pueden poner en un espíritu visionario el terror que en mí produce ese ligero ruido metálico del vientecillo nocturno... En fin, os haré, en parte, la confidencia trágica... ¿Veis mi cuerpo, mi cabeza, mi boca, mis ojos? Pues bien; dentro de algunos meses todo esto no será sino un montón de tierra bajo la tierra. El viento me dijo: "Pronto dormirás en la tumba". Y he aquí que tengo miedo de mi propio esqueleto...

La media noche sonó en la catedral. Una ráfaga hizo vibrar las veletas del campanario... A la luz de la lámpara vi —mientras cruzaba mi cuerpo un escalofrío— vi durante un segundo, sobre los hombros del atormentado, una calavera amarilla que, haciendo una horrible mueca, sonrió espantosamente.

UN DRAMA CAMPESTRE

El pequeño Jacobo, el mayor de los hijos del tío Lucas, regresaba de la vega del río en un triste anochecer de marzo.

Se oían a lo lejos los cantos de las cigarras y los agudos gritos de los alcaravanes, y un viento cálido arrastraba las hojas secas.

Al volver un recodo surgió ante él la graciosa figura de una muchacha con los brazos desnudos y los cabellos sueltos. Era Rosa, la nieta del viejo mayordomo de la hacienda: guapa moza de quince años, fresca y sonrosada, olorosa a miel silvestre.

Jacobo corrió a su encuentro y se enlazaron como dos jóvenes animales en celo. Se tumbaron sobre los yerbajos grises y, sin hablar una palabra, permanecieron quietos largo tiempo con las caras juntas y los ojos fijos en la luna, que ascendía, blanca y redonda, del remoto confín del horizonte.

Cerca se escuchaba el rumor de las corrientes del Guayape y de los altos saucedales de la orilla.

Sobre sus cabezas revolaban grupos de pájaros soñolientos y a su alrededor era continuo el zumbar de los insectos. De improviso reinó un gran silencio. Ni un murmullo, ni un sonido. Nada. La naturaleza parecía muerta.

Los dos muchachos, envueltos en el solemne misterio de la noche y en la profunda serenidad de los campos, se miraron sin sonreír y sus cuerpos se estrecharon más aún.

—Algún peligro nos amenaza —dijo Jacobo, incorporándose.

Rosa permaneció inmóvil.

En el sendero blanquecino resonó el trotar de un caballo.

—Escóndete, Jacobo —exclamó la joven—. Es el patrón de la hacienda. Me persigue desde hace días y te odia.

Jacobo dio algunos pasos a la izquierda, metiéndose en el monte. Rosa intentó hacer lo mismo por otro lado. Pero no tuvo tiempo.

Un hombre montado en un potro negro la detuvo. Se bajó de la bestia rápidamente y antes de que ella pudiese huir se colocó a su lado.

—Una cita con el mocozuelo del tío Lucas, ¿no es así? —gruñó sordamente—. Ya le daré una paliza para que no se entrometa en mis asuntos.

Rosa temblada ante el hombretón barbudo y repugnante. Él puso en el suelo la escopeta que traía atravesada a las espaldas y añadió, riendo con una risa canallesca:

—¿Conque la mocita no me quiere, eh? ¿Entre su patrón y ese vagabundo prefiere al vagabundo?

Ella callaba, muda de terror.

—Vamos, Rosita, un abrazo...

Y avanzó hacia la joven. Esta retrocedió diciendo:

—Deténgase, señor Pablo. Bien que no puedo quererle porque amo Jacobo.

El hombre se lanzó entonces sobre ella y tras una breve lucha la derribó sobre el camino.

Con sus gruesas manos brutales le rasgaba, y ella se defendía vigorosamente, sin una queja.

—¡Serás mía, de agrado o por fuerza! —rugió el salvaje enloquecido por el deseo.

En ese momento Jacobo salió de la espesura y arrastrándose como gato llegó al sitio en donde se hallaba la escopeta. Cogió ésta y de dos ágiles saltos cayó sobre el hombre encarnizado sobre la muchacha. Le dio dos tremendos golpes la cabeza con la culata y retrocedió cuatro pasos...

El patrón se levantó tambaleante y ciego de ira se fue sobre Jacobo.

Pero éste se echó a la cara la escopeta y le derribó de un tiro en la frente.

Abrazados y trémulos, los amantes se alejaron por la vega del río.

Ahora oían de nuevo el rumor lejano de las aguas, y los extraños ruidos de la noche, y, como un trueno interior, la palpitación profunda de sus corazones.

NOCHEBUENA EN ALTA MAR

A mi bella amiga Olga W...,
en San Petersburgo.

Inmóvil en un extremo de la cubierta del enorme transatlántico, Esther Rosal fijaba en el sonoro mar, estriado de claridades, sus grandes ojos verdes. Un sentimentalismo mórbido inundaba su frío corazón, escuchando el rumor de la orquesta.

¡Nochebuena! ¡Nochebuena! Alegremente danzaban los pasajeros, confusas voces surgían de los camarotes y joviales cantos desgranábanse en el aire sereno, perfumado de exóticas fragancias.

La joven, al volver la cabeza, vio a su lado a René Marín, mirándola tristemente. El fulgor de un globo eléctrico ponía sobre sus cabellos una especie de aureola.

—¡Esther! —murmuró.

Ella tomó de nuevo su actitud hierática, anegando en las lumbres nocturnas sus pupilas de sirena.

—¡Esther mía! ¡Perdóname! No niego mi traición. He sido perjuro. Pero con un amor sobrehumano sabré expiar mi falta.

Arrodillóse. Tomó una de las pálidas manos de la esfinge, de una frialdad mortuoria.

—¡Perdóname...! Recuerda mi antigua adoración, la deliciosa Nochebuena del año anterior, en que por vez primera lloraste en mis brazos. Recuerda...: era en el jardín de tu casa, bajo los naranjos floridos. De lejos llegaba a nosotros el ritmo de un vals de Cremieux. Como ahora, oíamos confusamente el murmullo de las fugaces palabras. Por las ventanas abiertas pasaban las parejas en una rapidez ilusoria. Y nosotros gozábamos de una embriaguez divina que jamás podríamos olvidar. Cuando dejé de ver tu falda blanca, esfumada suavemente en la blancura de la noche, sentí la ausencia de mi propia alma, sonámbula tras de tu paso. ¿Qué debo hacer para que me perdones? Quizá morir. ¡Morir! ¡ Morir!

Pasaron algunos instantes. Él se incorporó y quedóse con la cabeza entre las manos, a dos pasos detrás de la joven, que, sin un estremecimiento, seguía mirando la estela lunar.

—Pues bien, Esther, comprendo que mis súplicas serán inútiles, Moriré para que me perdones. Cuando termine ese vals, que alegra el salón, me arrojaré al mar.

La música sonaba ahora como una elegía —vaga y dulce como las cosas que se pierden para siempre— vaga y dulce como el primer beso en el jardín lejano, en el silencio aromado, en la Nochebuena muerta.

¡Adiós —decía el vals de Cremieux en la penumbra del tiempo remoto. ¡Adiós! —repetía, ahora, el ritmo taciturno.... ¡Adiós, amor mío!

El son melodioso se extinguió en un suspiro. Sesenta veces latieron los dos corazones torturados. La joven no se movió. Las olas vibraban quejumbrosamente. Un reloj, en la oficina del capitán, dio las dos. Súbitamente, René Marín saltó al mar...

No se oyó un grito. Nada. El vapor siguió su carrera sobre las aguas salobres.

Esther Rosal continuó inmóvil, mirando una remota estrella con sus grandes ojos verdes.

SILENCIO CAMPESINO

Te esperé aquella tarde bajo el árbol de las dulces flores y de los frutos amargos. Llegaste cuando el sol moría en un piélago purpúreo y la luna de las quimeras se alzaba sobre la colina.

Un pájaro cantó en la arboleda penumbrosa; un aroma de retamas se esparció por el aire y mi corazón se llenó de amor hasta el sufrimiento.

Nuestras almas se juntaron en nuestros labios y mi sangre y tu sangre se confundieron en el supremo placer que es gemelo de la muerte.

Nunca jamás te volví a ver. Nos dijimos adiós en la medianoche argentina y vi tu leve sombra esfumarse entre las sombras de los robledales en el silencio lleno de cosas profundas.

Llorabas en mis brazos en la despedida. Puse en tus negros cabellos ramos sedosos de flores moradas. Con musgos azules exorné tu cintura; y saturado de tu íntima fragancia mis deseos te siguieron ávidos como lebreles sedientos.

EL SEXTO SENTIDO

En una atrevida excursión por el Gaurizánkar el hombre que odiaba los placeres de los hombres por haberlos conocido hasta la saciedad, salvó la vida, con inminente riesgo de la suya, a un pastor que se despeñaba en un abismo.

Al volver, cuando caía el sol, a su morada, se le apareció un gigantesco anciano que le detuvo con un ademán imponente.

—Vi tu generosa acción —le dijo, con voz como surgida de las entrañas de la tierra—. Por ella tienes derecho a una gracia de mi poder supremo. ¡Pídeme lo que quieras!

El hombre exclamó sin vacilar:

—Dame, oh, genio, un sexto sentido.

En una humareda azul se deshizo el viejo fabuloso y el viajero regresó a su patria. Vivió un año en Niza como un rey de romanza, entre las fascinaciones del oro y del amor; y en una noche de carnaval lo encontraron en su palacio, muerto entre los brazos de una bellísima princesa italiana enloquecida, que relataba, en sus terribles crisis, una historia alucinante y siniestra que hacía vibrar y palidecer a las mujeres.

FLORECITA DE ALMENDRO

Florecita de Almendro tenía la boca grande y roja con olor a manzana. Apenas yo la miraba con dulzura, ella venía hacia mí, besándome en los labios largamente. Con los ojos cerrados, pálida por la emoción, podía estarse mucho tiempo unida a mi boca. Yo moría en sus brazos de una dulce muerte. Y ella, con el lindo cuerpo tembloroso, llorando suspiraba mi nombre. Era en el campo florido, en la balsámica estación de los días dorados...

Florecita de Almendro me quería con una ternura que llenó toda su vida fugaz. Iba siempre tras de mí como mi propia sombra y la más ligera de mis caricias la enternecía hasta el llanto.

En la frescura del boscaje, en los amarillos atardeceres, se arrojaba boca abajo en los gramales y quedábase mirándome con sus claros ojos aterciopelados y resplandecientes. Sus morenos pies desnudos se juntaban retozones y los hoyuelos de sus mejillas marcaban sus sonrisas de amor... Y su boca, cada vez más cálida y rosada, se entreabría en espera de mis besos.

Vivíamos en plena Arcadia, en la deliciosa embriaguez de nuestra sangre. Cien veces gozamos de la vibración del supremo placer y el imperativo deseo nos enlazaba de nuevo en sus redes ardientes.

Florecita de Almendro, que fue sólo mía, murió del corazón cuando se iniciaron las primeras lluvias. Yo agonicé sumido en un dolor sin consuelo.

Todavía con la palidez de las fúnebres desolaciones busqué su sepulcro, en el fondo de un pinar fragante. Me tendí sobre la húmeda tierra que cubría sus quince años perdidos en las tinieblas, y en las horas amargas de aquel día siniestro, hasta la media noche pavorosa, toda mi adolescencia se deshizo en lágrimas.

PRIMER AMOR

La virgen de los quince años, que nunca había amado, en una tarde escarlata interrogó al hombre taciturno sobre algunas cosas del alma. Le interrogó más bien con la mirada profunda que con los labios floridos.

—El amor es una embriaguez divina. Es la suprema angustia y la suprema delicia. Amar es sufrir, es sentir dentro del espíritu todas las tempestades y todas las alegrías. Es vivir una vida fantástica, impregnada de tristeza y de perfumes. Es soñar dulces cosas a la hora del crepúsculo y cosas extrañas en la callada medianoche. Es llevar constantemente en las pupilas la imagen de la mujer querida, y en el oído su voz, y en todo el ser la gloria de su encanto.

Ella le miraba sonriendo misteriosamente.

Él continuó:

—No sé lo que una mujer pueda pensar y sentir; pero me imagino que en ustedes las sensaciones son más sutiles y más hondas.

—Habla usted de tristeza y de sufrimiento —exclamó ella—, y yo creía que en el amor no cabían esas palabras.

—Yo me he referido únicamente al amor sin esperanza —murmuró en voz baja el taciturno—. Al hablar de tristeza y de sufrimiento me he referido al amor sin esperanza. He dicho la emoción de amar; pero no la de sentirme amado.

—¿Usted, pues, jamás ha sido amado?

—He sido amado locamente por mujeres blancas y tristes, por vírgenes morenas y ardientes. He sido amado por muchas criaturas seductoras. Las he sentido sollozar en mis brazos y jugar con mis cabellos y cubrirme de besos apasionados. Pero en el fondo de mi alma he permanecido impasible, frío ante sus caricias.

—Entonces —dijo la jovencita—, ¿no conoce usted el verdadero placer de sentirse amado? Porque si usted no amaba, no podía gozar con el amor de las otras...

—Sí, ciertamente, no he gozado con el amor de las otras.

—No conoce usted —dijo ella gravemente— el placer de ser amado. O quizá no habrá sentido el amor.

—No conozco ese placer. Es decir, conozco, ahora, el amor; pero no la felicidad de sentirme amado. Diera la vida por una hora de esa felicidad. Usted es la única en el mundo que pudiera dármela.

Ella no contestó. Pero entre la llama violeta del crepúsculo, la vio temblar y ponerse pálida.

EN LA RUTA DE ORIENTE

Fue una noche, en el salón del paquebot Lutzor, rumbo a Singapore. Todo el pasaje de primera circulaba la magnífica estancia refulgente.

Cantos, músicas, risas, relatos de extrañas aventuras. Al salado olor del mar mezclábase el perfume de las rosas marchitas. La élite masculina hizo derroche de ingenio y espiritualidad.

—¡Las doce! —exclamó una dama rubia—. Va a terminar la última fiesta de la alegre travesía y nuestro Cristo adolescente ni con una palabra, ni con un acto ilusorio, nos ha ratificado su divina semejanza.

Entonces Claudio de Andelys se levantó sonriendo. Avanzó algunos pasos hacia el fondo del salón... y una vez más —y esta con mayor intensidad— todos quedaron asombrados de su perfecto parecido con la romántica imagen que los grandes pintores antiguos nos dejaron del Redentor a los veinte años.

Alzó él su brazo derecho y un grave silencio reinó sobre las almas y las cosas. Con lento ademán tomó el pañuelo azul que la fragante Judith Nelson tenía entre sus dedos, transformándolo en un pájaro diminuto que revoló suavemente y por una ventana se lanzó al espacio.

De pronto quedó todo en tinieblas; y segundos después, al reaparecer la luz, Carl Gebour, el violinista ciego, prorrumpió en un profundo grito de violenta alegría:

—¡Veo! ¡Veo!

Hombres y mujeres, en unánime impulso, se precipitaron con los brazos abiertos y con los corazones temblorosos hacia el centro de la sala; pero Claudio de Andelys había desaparecido...

EL ASESINO

Lúgubre silencio reinaba en el interior de la choza de paja. En las esquinas —inmóviles sobre pequeños bancos rústicos o sentados en los tapescos— hombres y mujeres dormitaban; y en una tarima de caoba, entre cuatro candelas de sebo, fijas en redondos terrones de barro, yacía muerto.

Era un muchacho moreno sin barba, con el fuerte pescuezo partido por una violenta puñalada. Sobre la frente angosta se veía una recta cortadura, descendiendo hasta el ojo izquierdo, entreabierto y vidrioso.

Lo encontraron ya rígido en el sendero del platanar, entre dos grandes matas de piñuelas; y claramente comprendía que fue asesinado sin que pudiera defenderse por no llevar ninguna arma.

Transcurrieron diez horas desde el instante en que le amortajaron y los presentes no atinaban con el autor del crimen. Cástulo no tenía enemigos. En el valle todos le buscaban por su alegre carácter, siempre dispuesto a la broma. Era un admirable tocador de acordeón y de dulzaina y sabía tonadas picarescas que hacían reír a las muchachas. Todos lo querían por servicial y trabajador. ¿Quién fuera capaz apuñalearlo traicioneramente? En vanos los campesinos se devanaban los sesos, sin presumir quién pudiera ser el matador.

II

Todos los amigos y parientes se encontraban en el velorio. Todos. Sólo faltaba el primo Sebastián. Vivía muy lejos, en la cumbre de la montaña de El Cacao; y quizás hasta que concluyera de tapiscar bajaría a la llanura. Se le compadecía de antemano, pues era el inseparable compañero de Cástulo y aquella desgracia imprevista iba a herirle rudamente. Los dos primos juntaban sus ahorros en una vasija de tierra cocida, que para mayor seguridad sepultaron en el monte. Hacía cinco años que el depósito iba creciendo. Sin malgastar un centavo, privándose a veces hasta del tabaco, reunían en el fondo común sus continuos trabajos, con el objeto de levantar una casa en la vega, rodeada de fértiles terrenos, creándose así un seguro patrimonio. Sus familiares los estimulaban en sus proyectos con ese afán tenaz de los rústicos en todo lo que se relaciona con el aumento de caudales.

III

Los veladores continuaban callados. El guaro que se mandó traer a La Conce no venía. Algunos se pusieron a fumar. Un perro entró, echándose a los pies de la fúnebre tarima.

Fuera, la noche serena avanzaba tristemente. Los grillos cantaron entre las malvas y el viento gemía entre los camalotales de la quebrada. La luna —oculta un instante tras una nube plomiza— fulguró en un claro del azul, pálida y errabunda. Grupos de ágiles potros galopaban por la sabana, y en la obscuridad distante brillaban débiles luces en las cocinas de los ranchos.

Voces plañideras se elevaron de la choza mortuoria. Eran la madre y las hermanas del muerto, que, después de un momentáneo sueño, reanudaban sus lamentaciones. Gemían en el cuartucho contiguo, desde el cual apostrofaban al cadáver con ese vocabulario gráfico e infantil con que desahogan sus penas agudas las sencillas gentes de los campos. Enumeraban, una por una, con ingenuos detalles, las cualidades de Cástulo: su honradez, su mansedumbre, su enérgica actividad para el trabajo, su instinto económico, su respeto humilde ante los mandatos maternos. Era una amarga letanía lamentable, un monótono rosario de recuerdos y de pesadumbres, un rudo clamor elegíaco lleno de largos suspiros y de repeticiones interminables.

Luego las quejumbres enronquecidas, en impulso unánime, se convirtieron en iracundas recriminaciones contra el asesino, invocando para él la cólera del Cielo. Se oyeron ásperas y tremendas palabras de venganza y maldición entre el eterno alarido de locura y de horror...

La madre apareció, por fin, en el cuarto lúgubre, vociferando extrañamente. Era una mujer seca y desmelenada, con el mirar alucinante y el rostro descompuesto. Se echó sobre su hijo, apretándolo apasionadamente contra su corazón.

—¡Nor Román! —gritó con sorda voz—. ¡Usted puede hacer venir al criminal! ¡Hágalo venir!

Un viejo alto y flaco, de grave aspecto y luenga barba patriarcal, se levantó de un rincón, aproximándose a la mujer enloquecida.

—Es cosa del demonio lo que me pide, ña Tomasa —exclamó—. Mi alma peligra si atiendo su ruego. Desde el asesinato de mi hermano Tiburcio, hace más de cuarenta años, me he negado siempre.

—¡Se lo pido de rodillas! ¡Compadézcase de la desesperación de una madre! ¡Y que todo el mal que por esto pueda a usted venirle caiga únicamente sobre mi cabeza!

Entonces el viejo se santiguó, retrocediendo tres pasos. Permaneció algunos minutos inmóvil, con los ojos cerrados, sumido en profunda abstracción. Todos le rodearon, mirándole anhelantes.

Fue luego hacia el difunto y le puso boca abajo. Lo levantó por detrás la camisa, y cogiendo un Cristo de madera que pendía de un clavo de la pared, lo recostó sobre la desnuda espalda amarillenta, pronunciando extrañas palabras ininteligibles. Se irguió después con un vago temblor, con las pupilas fijas en el suelo.

—Abra bien la puerta, ña Tomasa, que el asesino avanza hacia aquí... Está aún muy lejos; pero viene corriendo como un venado. Y que los hombres alisten una soga para amarrarlo.

Fue obedecido en el acto. Y mirando al viejo de hinojos, todos se arrodillaron alrededor del cadáver, rezando en voz baja. Permanecieron así largo rato. Se apagó el rumor de las oraciones y reinó un horrible silencio. Las tres hermanas acudieron sin un gemido.

IV

En tanto la noche avanzaba, lenta y misteriosa. Negros nubarrones atenuaban por intervalos el fulgor de la luna, y el viento removía los próximos boscajes. Murmullos indecisos llegaban de los remotos horizontes. Una lechuza pasó chillando sobre la casa y se perdió en la llanura.

Se oyó de pronto, a lo lejos, un grito terrible y taladrante, como el lamento pavoroso de un condenado. Los hombres y las mujeres, persignándose, se miraron con horror y se pusieron a temblar. Un soplo de espanto pasó por los corazones. El perro aulló en el patio tenebrosamente... y se escuchó de nuevo, distinto, el alarido horripilante. Comenzó entonces un dúo siniestro: al grito de angustia, cada vez más cercano, contestaba el odioso aullar del perro en la sombra.

Nadie se atrevía a moverse. Las respiraciones se apagaban, y el terror, un terror capaz de producir la muerte, paralizaba espíritus.

Hubo un supremo silencio. Todos los ruidos, hasta los más leves, enmudecieron. Lívido, dominado por un febril temblor, el viejo levantó la canosa cabeza, murmurando sordamente:

—El asesino va a llegar...

Se escuchó el violento galope de un fuerte animal por los yerbajos y el ruido de una gruesa respiración sibilante.

Dos de las mujeres se desvanecieron de miedo. Los dientes de madre castañetearon...

Súbitamente apareció Sebastián en el umbral, con los ojos llameantes, las ropas ensangrentadas y la lengua de fuera. Lanzó un gemido cavernoso y cayó de bruces junto al muerto.

EL MAGO

Juan Fort —hastiado de todo a la edad de cincuenta y nueve años— se encontró con un mago.

—Hombre extraño —le dijo—, me asombra tu serenidad. Amas la vida, la obscura, la odiosa vida que yo desprecio... No creo en Dios. ¡Malditos sean los seres y las cosas y el sol que nos alumbra!

—¡Blasfemo! —exclamó el mago-. ¡Arrepiéntete! Cambia tus míseras voces por una frase de alegría y de esperanza! ¡Dios existe! ¡La vida es sagrada! ¡El sol es sagrado!

Fort sonrió despectivamente.

Entonces el taumaturgo tendió el brazo armado de una varilla milenaria, y con ella tocó la frente del réprobo. Este retrocedió cinco metros de un salto formidable y quedó inmóvil, como petrificado. Una vigorosa sensación de juventud cruzó por su alma y su cerebro, vibrantes de imágenes antiguas.

—En cada salto recobrarás diez años —murmuró el mago.

Y avanzando siempre sobre el ateo, clavado en el suelo por una voluntad desconocida, cuatro veces le hizo retroceder violentamente con cuatro solemnes ademanes de su brazo.

Y Juan Fort se vio como era a los nueve años, con su traje corto y sus bucles amarillos.

El varón prodigioso caminaba hacia él con la diestra tendida hacia adelante. Un momento más y lo hundiría en la Nada. Un miedo terrible le hizo temblar. Dobló las rodillas gimiendo:

—¡Perdón! ¡Perdón!

Pero al incorporarse, el mago había desaparecido; y Juan Fort, aún más viejo de lo que antes era, sintió la impresión del hombre que, en plena claridad del día, recobra de súbito la vista perdida en la infancia.

LA MEJOR LIMOSNA

Horrendo espanto produjo en la región el mísero leproso.

Apareció súbitamente, calcinado y carcomido, envuelto en sus harapos húmedos de sangre, con su ácido olor a podredumbre.

Rechazado a latigazos de las aldeas y viviendas campesinas; perseguido brutalmente, como perro hidrófobo, por jaurías de crueles muchachos, se arrastraba, moribundo de hambre y de sed, bajo los soles de fuego, sobre los ardientes arenales, con los podridos pies llenos de gusanos.

Así anduvo meses y meses, vil carroña humana hartándose de estiércoles y abrevándose en los fangales de los cerdos, cada día más horrible, más execrable, más ignominioso.

II

El siniestro Manco Mena, recién salido de la cárcel donde purgó su vigésimo asesinato, constituía otro motivo de terror en la comarca, azotada de pronto por furiosos temporales. Llovía sin cesar a torrentes; frenéticos huracanes barrían los platanares, y las olas atlánticas reventaban sobre la playa con ásperos estruendos.

En una de aquellas pavorosas noches el temible criminal leía en su cuarto, a la luz de una lámpara, un viejo libro de trágicas aventuras, cuando sonaron en su puerta tres violentos golpes.

De un puntapié zafó la gruesa tranca, apareciendo en el umbral con el pesado revólver en la diestra.

En la faja de claridad que se alargó hacia afuera vio al leproso destilando cieno, con los ojos como ascuas en las cuencas áridas, el mentón en carne viva, las manos implorantes.

—¡Una limosna ! —gritó—. ¡Tengo hambre ! ¡Me muero de hambre!

Sobrehumana piedad asaltó el corazón del bandolero.

—¡Tengo hambre! ¡Me muero de hambre!

El Manco le tendió muerto de un tiro, exclamando: "Esta es la mejor limosna que puedo darte".

FÁBULA DEL CRISANTEMO VERDE

En un exótico sueño, envuelto en un pliegue de oro de una noche nipona, sonámbulo de amor, escalé los jardines imperiales de Tokio, circuidos de altos muros, fulgentes de azulejos armoniosos.

Vi de lejos, sobre una escalinata marmórea, la silueta del centinela inmóvil, con el arma al brazo, como una serena figura decorativa. Caminé, en silencio, hacia él. Se paseaba ahora y su sombra erraba de uno a otro lado en fugas lentas. Me pareció enorme y fantástica.

Se alargaba y se encogía de una manera dolorosa. Yo le tuve lástima a aquella sombra de una vida que luego desaparecería en la gran sombra eterna. Dos veces, en un claro de luna que semejaba una túnica de plata, la mancha negra se detuvo, como si adivinara que la seguía la muerte. De improviso llegué a su lado y le miré un segundo. Solamente un segundo. Y antes de que me derribara de un tiro, le clavé mi puñal en el corazón. Ni un gemido. Cayó de espaldas, en un ángulo de la gradería. Y se quedó mirando, con sus ojos sin luz, con una extraña mirada quimérica, el vasto abismo del cielo, constelado de jazmines angélicos. Y su sombra se borró de la tierra.

Pasé entonces, fugazmente, por la extensa galería de los invernaderos del Mikado. Crucé un amplio bosque de laureles y llegué al misterioso lugar del jardín en donde abren sus cálices, a la triste luz lunar, los crisantemos fabulosos.

Sin respirar apenas, sin apenas tocar el suelo con la planta, dejé a mis pupilas embriagarse con los matices brillantes y múltiples de las flores sagradas. Eran unas bermejas como bocas sensuales; otras amarillas, blancas, azules, violetas. Las vi, al fulgor de las estrellas, mejor que en pleno día. Sobre sus tallos irradiaban como luminosas mariposas fantásticas. Pero mi corazón, que saltaba como un pájaro, empezaba a sentir una insólita angustia no viendo entre ellas a la única flor sobrehumana, al divino crisantemo verde. Lo miré, al fin, en el centro de un pequeño círculo de menudos arbustos; y al acercarme a él temí que la emoción me fulminara. Yacía en un magnífico jarrón de pórfido y sus hojas eran como puñales. Ostentaba una sola flor de un profundo matiz metálico. A su alrededor revolaban algunas luciérnagas, haciéndola refulgir quiméricamente.

Con mano profana corté aquella exótica rosa de fábula y salí con paso ligero de los jardines, seguido por las pupilas cristalizadas del centinela y por su sombra difunta.

En el camino desierto me detuve a la orilla de un lago de aguas silenciosas, y borré una gota de sangre que, cual un rubí trémulo, brillaba sobre un pétalo del divino crisantemo. Ignoraba si aquella sangre cayó de mi puñal o si había brotado de la vieja herida de mi corazón.

Solamente pensé, borrándola, que pudiera asustar a la adorada mía, o manchar su leve corpiño blanco, al colocarla, con mano temblorosa de amor, sobre su pecho.

FÚNEBRE RITMO

¿Por qué tu nombre, de sueño y de añoranza, resonó en mi ser con un ritmo de ultratumba?

¿Habrás descendido a la región de la pálida muerte y las rosas de tus senos se marchitarán en la perenne sombra?

Nos dijimos adiós en el Hotel Tramontano de Sorrento, en una fría tarde matizada de fúlgidos amarantos, en que las olas del Mediterráneo morían gimiendo en las riberas latinas. Tú ibas hacia las Aguas Dulces de la Stambul romántica, en pos de las huellas de Aziyadé; y yo regresaba a mi nativa Centro América, saturado de las remembranzas de Venecia y de las magias resplandecientes de la Costa Azul.

(¡Ah Valeria, tan joven, tan intensa, tan preciosa en su adorable sutilidad de espíritu y de pensamiento y en su delicada envoltura corpórea!).

En Monte Carlo te llamé amor mío. Fue en la noche solemne en que suspiraste sobre mi pecho tu angustia, bajo un cielo de ópalo y zafir, en la avenida de las palmas sonoras

Tu mano, olorosa a flores de lejanos países, se posó un segundo sobre mi boca implorando silencio.

Te llamé amor mío sintiéndome dentro de tu sangre, palpitante en tu deseo, amado en la eternidad de un minuto en un impulso imperativo de tu caprichoso corazón. Y yo fui tuyo en aquella noche inmortal que en la penumbra de mis días desolados resplandece más en mi recuerdo.

Hoy, 30 de mayo, cumplirás cinco lustros, si aun embalsamas algún quimérico sitio de la tierra con tu divina gracia; pero mi corazón, que oyó tan cerca los latidos de tu corazón, y mi sangre, que se confundió con tu sangre, y mi espíritu que con tu espíritu fue uno, me dicen que ya tus verdes ojos de sirena se cerraron para siempre, que ya eres una sombra errante en la pavorosa mansión de los fantasmas.

EL MINUTO MÁS INTENSO

—¿El minuto más intenso de mi vida? —exclamó lady Alicia, encendiendo un cigarrillo rosado—. Veréis. Fué cuando tenía veinte años, en el lejano Indostán. Dominado Arturo por su pasión más fuerte, la cacería de elefantes, pasábamos nuestra luna de miel en un amplio bungalow, en el fondo de un espeso bosque, a cincuenta millas de Madrás. Nuestro servicio estaba formado por Jack, un muchacho irlandés, y dos indígenas. Esperábamos allí la llegada de un grupo de antiguos cazadores, cuyo jefe era un viejo maharajah, amigo de Arturo.

Entretanto, éste divertíase cazando, con ingeniosas trampas, toda clase de animales raros, y escribiendo su libro de aventuras que editaría un gran diario inglés. ¿Yo? Leía, soñaba, temblando de miedo en las noches de horribles tormentas, en los brazos de mi marido.

Aunque se nos dieron absolutas seguridades de que no había tigres en aquellos parajes, yo pasaba horas crueles obsesionada por el horror a un ataque imprevisto; y los tres criados construyeron alrededor de la casa una tupida cerca de fuerte alambre con agudas púas. Los indígenas eran los más minuciosos en los detalles de la común defensa.

Al anochecer cerraban las puertas, después de encender grandes fogatas circulando el bungalow. Se turnaban con el europeo en las guardias nocturnas. Y de día inspeccionaban el bosque en todas direcciones.

Una mañana en que Arturo recogía la caza de sus trampas y los indios cortaban leña a corta distancia, leía los Cuentos de las montañas, de Kipling, recostada en una mesa de mi cuarto. Un violento grito interrumpió mi lectura; y casi al instante vi sobre la ventana la enorme y siniestra cabeza de un tigre que me miraba fijamente con sus terribles ojos. El espanto ahogó mi voz y me petrificó... y sólo cuando el feroz animal saltó sobre mí, en un segundo me arrojé debajo de la mesa. Como en sueños oí un disparo y el formidable estruendo de una lucha cuerpo a cuerpo dentro de la habitación... Era mi marido, que a las voces de Jack, acudió con la rapidez del rayo. Disparó sobre la fiera hiriéndola mortalmente; pero ésta aun tuvo fuerzas sobre él, destrozándole el lado izquierdo de la cara de un tremendo zarpazo. Tras un rápido encuentro rodaron por el suelo y Arturo la remató a puñaladas.

MINUTOS INTENSOS

Penetré —apenas sin respirar— en la obscuridad tenebrosa de la estancia.

Quedéme inmóvil a dos pasos de la puerta, sin poder orientarme. ¿Era aquélla la alcoba de mi amor? ¿O en la turbación de la primera cita, vagando en la tiniebla, equivoqué la divina ruta? ¿Me encontraría, tal vez, en la cámara del padre de Matilde, viejo severo de alma prócer, cuya terrible venganza provocaba?

Esta idea de una próxima muerte dejóme impasible.

—Razón le sobrará para matarme —pensé.

Hacia el lado del jardín, por donde salté sobre la tapia de piedra, ladró un perro. A lo lejos, por las campiñas misteriosas, en la gran paz de la noche, cantaban los gallos. Transcurrieron algunos minutos. El silencio era cada vez más profundo.

—¿Qué pasa? ¿Habrá tenido miedo la linda Matilde? ¿En qué ámbito se esconde?

Como un fantasma avancé por la habitación. Un íntimo perfume llegó hasta lo más hondo de mi ser. Sentí un débil rumor, luego un roce de seda, un vago suspiro.

Y en un rápido vértigo voluptuoso de mi espíritu y de mi sangre, vi brillar en la sombra la blancura de sus manos.

FLORES DE JARAMAGO

Carlota, hoy hace seis años que duermes bajo la tierra, y de mi lira no ha brotado un acorde para tu recuerdo, ni de mi pluma una palabra armoniosa para tu sepulcro.

—Los muertos se olvidan pronto —me dijiste un día.

Y esta frase turbó anoche mi sueño. Amiga querida, tenías razón: olvidamos pronto a nuestros muertos.

En esta alegre noche de San Silvestre he pensado intensamente en ti, que pasaste tan ligera por el mundo.

Evoco tu florida juventud, tu cálida belleza, tus magníficos ojos dorados. Tenías el encanto de las cosas peregrinas y fugaces: de los ortos azules, de las breves romanzas, de las rosas ilusorias.

Las nubes errabundas de fulgurante plata que se tornasolan en las tardes serenas podrían ser el símbolo de tu efímera vida, tan seductora y tan corta.

Tristes, humildes, amarillas flores de jaramago ornen estos renglones el lugar en que reposas... Ellas te dirán que entre las resonantes alegrías de la muchedumbres saludando el año nuevo, mi espíritu hace al tuyo un signo fraternal y va mi recuerdo buscarte a la región de ultratumba.

EL MILAGRO IMPOSIBLE

I. Cuando miro la vieja casa en que tú viviste, sufro una terrible pena, lejano amor mío.

Como agudos puñales los recuerdos se clavan en mi corazón, sofocándolo de angustia, encerrándome en un círculo de sombras siniestras.

Todas las noches de aquel dulce tiempo, al dar las ocho en el antiguo reloj de la vecina catedral, tú aparecías en el balcón del segundo piso, y tus ojos me buscaban ansiosos en las calles obscuras.

En la acera de enfrente, o bajo las árboles del parque, yo esperaba verte surgir en la penumbra, contando los minutos que faltaban para la hora dichosa por los recónditos latidos de mi pecho.

¡Cuántas veces intentó mi deseo impulsar las negras manecillas del reloj iluminado! Ellas parecían inmovilizarse como burlándose de mi ansiedad... Al fin sonaban las ocho campanadas y momentos después tu adorable figura surgía en el alto balcón. Prolongaba un minuto mi inmovilidad, pues verte allí esperándome constituía uno de los más intensos placeres de que he gozado en la vida. Luego atravesaba la calle, y el largo zaguán, subiendo de prisa la escalera, a cuyo extremo tus dos manos extendidas se adelantaban a recibirme...

II. Pasaron los años. Las cálidas noches profundas son apenas sombras de recuerdos. Todo murió en el olvido. Extrañas gentes habitan la vieja casa en que tú viviste...

A veces, cuando la desolación de mi espíritu traspasa el límite de los grandes dolores sin consuelo, me voy al parque poco antes de la hora en que tú me esperabas y cuento los segundos que faltan ocho por las vibraciones de mis arterias. Fijo los para las ojos en el balcón ilusorio. Los golpes metálicos suenan lentos, y vuelven a sonar, y yo aguardo un milagro imposible. Pasan los instantes de suprema angustia; pero tu forma blanca no aparece como en las noches muertas. No aparece, ni aparecerá ya nunca más.

Porque tú estás muy lejos, inolvidable amor mío. Lejos, en tu patria fragante; lejos de mi corazón; perdida para siempre en mi porvenir, aún más que si ya fueras ceniza del sepulcro.

EL PARRICIDA

En la cocina del rancho de paja ardía un buen fuego. Jacinto fué a la huerta y trajo tres grandes yucas y un racimo de plátanos. Su madre, con un pedazo de cuchillo, arrancó la cáscara a los vegetales, y los puso a cocer en una olla de barro. Después ensartó en una vara de camalote un largo tasajo y lo acercó a la llama.

En el estrecho corredor, acostado en una mísera hamaca de cabuya, Jacinto meditaba. Por su cerebro rudimentario de muchacho campesino cruzaban atropelladamente las ideas. Veía a la vieja que tanto amaba, inmóvil frente al fogón, con su cara llena de arrugas y sus ojos humildes de animal cansado. Ella se mataba trabajando desde el amanecer hasta la media noche, en la casuca, en la huerta, en el río... No tenía un minuto de reposo, caminando de un lado a otro, arrastrando sus burdos harapos, enferma y flaca, sin una queja. Y todo, ¿para qué...? Para que el bruto de su marido la moliera a palos continuamente, sin motivo, exasperado por el alcohol... Desde que Jacinto tenía memoria de las cosas siempre fué lo mismo. Su madre, esclavizada bajo el yugo bestial, y su padre holgazaneando por los caminos, grosero y borracho, con la boca llena de palabrotas y el áspero puño levantado. Cien veces lo había pateado a él por las más fútiles causas. Pero eso no le importaba. Lo que le importaba era que no golpeara más a su madre. El día anterior, en un momento de violencia, Jacinto lo amenazó con matarlo si volvía a poner las manos sobre la infeliz mujer... Él vomitó las más ruines injurias; pero se contuvo al ver la cara descompuesta de su hijo.

Caía la tarde amarillenta y triste. Abril desgranaba sus horas, largas y cálidas, sobre los campos de Olancho, recién quemados para las próximas siembras. El son de las cigarras llenaba el ambiente de monotonía y de fastidio. Grupos de loros vocingleros rozaban los altos guapinoles y el distante susurro de una quebrada perdíase entre los ruidos del viento que arremolinaba las hojas, levantando polvaredas blanquecinas en las veredas...

El viejo andaba en la pacera y no tardaría en llegar ebrio de coyol...

Y el muchacho, presa de una sorda inquietud, revolvíase en la hamaca, pensando en lo que podría ocurrir dentro de poco. El olor de la carne asada le hizo volver de nuevo los ojos hacia la cocina. La vieja rezaba de pie cerca de la puerta. Y a su alrededor todo permanecía en silencio.

Una voz bronca resonó en el patio.

—¿Está por ahí ese burro de Jacinto? Vengo dispuesto a reventarlo a coces para castigar sus amenazas de ayer. ¡Ya le enseñaré a ese perro a respetar a su padre!

Era un campesino de sesenta años, alto y huesoso, peludo y fuerte. Las manos como garras, los ojos de gato montés.

Jacinto no se movió. Llevóse únicamente la mano a la cintura, de la que colgaba, en su vaina de cuero, un corto puñal.

El borracho se dirigió a la mujer.

—¿Está la cena?

—Sí —dijo ella.

Y extendió sobre el tablón de cedro una servilleta de manta con una gruesa bordadura roja en los bordes. Sobre ella colocó, en una sartén, el plátano, la yuca y la carne. Y al lado la jícara de pinol.

—¿Y los frijoles?

—No hay frijoles —murmuró apenas la miserable—. Se acabaron esta mañana.

El viejo se exasperó, prorrumpiendo en insultos. Acercósele, gritándole en la cara:

—¿Crees, grandísima bruta, que no te voy a pegar cuando se me antoje porque le tengo miedo a tu hijo? A los dos los voy a patear a mi gusto...

Y enloquecido de súbita cólera el beodo arrojó al suelo la humilde cena, y agarrando del pelo a la temblorosa mujer, la estrujó contra la pared, abofeteándola cobardemente.

—Toma, bestia —le decía— por tu hijo, toma, toma...

Y mientras él reía con una risa aguda y horrible, resonaban, uno tras otro, los golpes sobre la cara de la desventurada, que en vano se debatía angustiosamente.

Sin poderse contener más tiempo, de un salto brusco se levantó Jacinto de la hamaca, y apareció, armado con el puñal, en la puerta de la cocina.

Al rumor de sus pasos el viejo se volvió... Con increíble rapidez desenvainó el machete, que no dejaba nunca. Y arrancándose hacia su hijo le asestó a la cabeza un terrible golpe. Pero Jacinto, pequeño de cuerpo, era muy ágil. Agachóse, y la hoja de acero arrancó una ancha astilla del horcón de la entrada. El borracho, lúcido por completo en aquella crisis de rabia, lo persiguió en el angosto espacio de la cocina. Tres veces escapó de dar en tierra con él, arrojándole violentamente los objetos pesados que encontraba: el machete romo de rajar el ocote, la mano de piedra, un tizón encendido. Jacinto escabullíase tras el horno, tras el tablón, deslizándose como una sombra de aquí para allá, ondulando como una culebra. La anciana, llena de terror, se cruzaba entre los dos, suplicando, llorando, recibiendo brutales empellones del viejo frenético.

Hubo un momento en aquella terrible lucha en que Jacinto resbaló sobre una concha de plátano... Su enemigo se arrojó sobre él, roncando ferozmente... Pero, rápido como el rayo, el muchacho se puso de pie, retrocediendo; y con toda la fuerza de su brazo le asestó en el cuello una tremenda puñalada, que le derribó, dando tumbos, sobre la puerta.

Luego Jacinto salió de la cocina. Al pasar sobre el cadáver, atravesado en el suelo, hizo la señal de la cruz.

Dentro, en un ángulo, la vieja, en silencio, continuaba rezando.

SANGRE Y AMOR

I

En la negra noche sonó un cuerno por el lado de las montañas, y los bandidos temblaron.

—Es Gelar, el gitano, que nos anuncia un tremendo peligro —murmuró el capitán.

Se desató de pronto un viento frío y nubarrones plomizos obscurecieron la luna. Rumor extraño y pavoroso se levantó de los abismos y luego una claridad espectral doró los peñascos del sendero.

—¿Conociste a la joven asesinada? —interrogó el jefe, dirigiéndose a German el barbudo, inmóvil y sombrío junto al tronco de un árbol.

—No.

II

Con fúlgidos hachones, densos grupos de hombres y mujeres, conduciendo un féretro y rezando en voz alta, descendían del monte.

A lo lejos se oyó el ronco acento del veterano coronel de la guardia:

—¡Ríndase a la justicia el cobarde ladrón que degolló a la doncella más preciosa de la comarca, la sin par Beatriz Montenegro! ¡La horca le espera!

El barbudo huyó velozmente por la penumbrosa hondonada al oír el nombre de la dama por quien su terrible capitán moría de amor.

Pero éste, de dos súbitos saltos, le dio rápido alcance, cortándole con su daga la cabeza.

Con ella sangrando en la diestra avanzó hacia el cortejo lúgubre. La puso en silencio a dos pasos del ataúd, y, doblando las rodillas, se humilló besando los pies de la muerta.

Violentamente se incorporó con el ímpetu de los tigres, temible en su aspecto de combate; y arremetiendo contra la espantada soldadesca, se perdió en la noche seguido de sus hombres.

EL PÁLIDO PASAJERO

El pálido pasajero —en el extremo de la nave— mira ondular el pañuelo —que le dice adiós desde el puerto que se aleja—; el pañuelo blanco que agita una mano pequeña y querida. —Apenas se ve ya— como el ala trémula de una paloma; —y él permanece inmóvil— contraída la faz dolorosa—. Y sus ojos azules se oscurecen.

Aleve destino le empuja hacia tierras ignotas. Callado y taciturno, vestido de negro, pálido como un difunto, se le ve con frecuencia en el mismo sitio, mirando el pardo horizonte hacia el punto en donde vio la señal del adiós en la tarde silente y dorada.

En los días monótonos del largo viaje por el vasto mar, en los días serenos y en las borrascas, nadie ha oído el metal de su voz. Es el pálido pasajero —se dicen. Nada más—. Él vaga por los puentes —en la alta noche—, y mira el mar tenebroso, y en sus pupilas brilla un fuego extraño.

Cierto día, todos dejaron de verle. Se le buscó en vano. El mar, sonante y azul, arrastró su cuerpo frío a través de las enormes soledades solo conocidas por las gaviotas.

EL PACTO

Extraño azar del destino fue el que hizo que Javier Sorel llegara a la habitación de Gherardo Lyon preciso minuto en que éste iba a suicidarse.

Evitada la tragedia, tras de una rápida y violenta lucha, transcurrió una hora sin que los dos amigos pronunciaran una palabra. b

De pronto surgió, de la sombra crepuscular que llenaba la estancia, la voz Javier.

—¿Podrás ahora decirme el motivo concreto de tu desesperación? Bien sabes que te quiero como a un hermano y me asombra amargamente tu propósito de morir sin confiarme tus penas. Reconoce que has procedido como un loco..

—¿Qué quieres? —replicó Gherardo con ronco acento—. No podía hacer otra cosa. Solo en el mundo, fracasado en mis empresas, cogido por el tedio, por el alcohol y por el juego, las deudas y las hostilidades de todo género me han encerrado en un círculo de hierro, del que solo puedo salir con dignidad por la puerta del suicidio.

—¿Eso es todo? —exclamó Javier, levantándose bruscamente—. ¿Por eso ibas a matarte?

—No me interrogues, querido amigo. Tú sabes que hay otra causa, la causa suprema que me impide seguir viviendo. Y que, salvado hoy por tu inoportuna intervención, me precipitará mañana en tumba. Déjame. Soy un hombre al agua...

—¿Te refieres a tu amor... por mi hermana? Por tu conducta en los últimos tiempos, mi familia te rechaza… y Cecilia no te ama.

Transcurrió largo silencio.

—Habla, habla, Gherardo. Dime qué piensas, qué esperas de mí.

—Cecilia me ama— murmuró—. Pero se sacrifica para no romper contigo y con su madre. Digo primero contigo porque tú eres su mayor afección.

Hubo otro silencio. La estancia parecía desierta.

—Pues bien, Gherardo, te casarás con ella. Pero tratándose de una criatura tan delicada y tan buena, la más querida de mi corazón, exijo que me des tu honor de que abandonarás para siempre tu desastrosa vida y que harás feliz a Cecilia. Te daré el dinero para canceles tus deudas y actúes en negocios en que puedas reconstruir, sin gran esfuerzo, la inmensa fortuna que derrochaste. Tú me pagarás después.

—Gracias, gracias —murmuró Gherardo, abrazándole—. No sólo empeño mi palabra en el sentido que me indicas, sino que mi vida, que has salvado, hoy dos veces, te pertenece en absoluto. En el día, en el instante en que tú lo ordenes, desapareceré para siempre. ¿Aceptas?

—Acepto —exclamó Javier.

Y sus manos unidas confirmaron el pacto.

II

Durante cuatro años, Cecilia se sintió completamente feliz. Su marido era un perfecto caballero que le prodigaba las más exquisitas ternuras. Iniciado en los grandes negocios con una suerte excepcional, llegó a reunir una fortuna cinco veces mayor que la herencia perdida. Y nuevos horizontes se abrían ante su fecunda actividad.

Javier se trasladó con su familia a Bruselas con un cargo diplomático.

Las cartas que recibía de Cecilia, después de un año de ausencia, empezaron a inquietarle. Llegó una que le hizo saltar.

"Es preciso que te lo diga todo —terminaba—. Desde que te fuiste, Gherardo es otro hombre y yo la mujer más infeliz. No juega, no bebe; pero hace algo peor. Me abandona por completo para correr tras de todas las mujeres fáciles que encuentra a su paso. Nuestro hogar se ha convertido en un sitio de tortura. Ayer todo culminó en una escena terrible, en la que llegó a golpearme brutalmente. Ya no le amo; y mi único deseo es no verle nunca más y reunirme con ustedes".

Él conocía profundamente el noble carácter de Cecilia y comprendió, en todo su valor, la gravedad de sus palabras.

Pretextando un asunto urgente, obtuvo un permiso; y tres semanas después, sin anunciarse, entraba en su antigua casa.

Halló a su hermana convertida en una sombra de lo que fue. Gherardo no estaba en la ciudad.

Llegó muy tarde y al penetrar en el salón, vio a su amigo que lo esperaba.

Mudo, retrocedió bruscamente como ante una visión sobrenatural.

Entonces Javier avanzó, mirándole con una cólera fría e implacable.

—Comprendo— dijo Gherardo

Se alejó sin proferir una palabra.

Y aquella tarde se mató.

EL PERRO NEGRO

Envuelto en una polvareda blanquecina caminaba el ejército, al caer de la tarde. Ascendía por un árido escarpe, erizado de ásperos granitos.

El sol en el ocaso semejaba una fúlgida flor sangrienta; y sobre los campos callados la tiniebla empezaba a tender su ala misteriosa.

De pronto surgió de un de árboles petrificados un perro negro, un macilento perro negro que con ojos casi humanos miraba largamente a los guerreros que pasaban, rudos y fuertes, con el fusil al hombro.

Los miraba en silencio; y la mancha de sombra su cuerpo casi se perdía en la sombra del crepúsculo.

Pasaban, pasaban los viejos capitanes, los jóvenes soldados.

Luego, ante un alegre muchacho que se movía penosamente, el perro ladró una manera horrible... Después, lanzó un aullido lento y quejumbroso, una especie de lamentación lúgubre que, bajo el cielo sombrío, en la hora fantástica, nos impresionó angustiosamente.

Al anochecer de la última jornada, una bala traidora arrebató la vida al pobre muchacho.

Estaba allí, sobre los duros guijarro del camino, con los ojos abiertos, frío y ensangrentado.

Entonces, recordando la espantable escena macabra, el aullido lúgubre resonando en la distancia, al comprender que el perro negro era la Muerte... un soplo de los desconocido pasó por nuestras cabeza.

TRAGEDIA MISTERIOSA

I

El hogar del joven diplomático portugués, conde Carlos de Almeida, resplandecía en aquel caliente 26 de agosto. Festejaban el primer aniversario de su primogénito, que, vestido de seda ligera, y acariciado por todos, iba de un lugar a otro rebosando de salud. Gordo, blanco, con negros ojos vivaces, Pablito daba ya cortos pasos, abriendo las piernecillas redondas y levantando los bracitos sonrosados llenos de hoyuelos.

Gladys Amaral se consideraba la madre más feliz. Nacida en la joyante Río de Janeiro, acostumbrados sus ojos azules a los espléndidos panoramas de la sonora metrópoli, única fisonomía inconfundible entre las urbes de la tierra, era dichosa en la triste capital centroamericana, sin que jamás en este obscuro rincón se echara menos la bahía incomparable, las refulgentes avenidas, Beiramar con su encanto de leyenda; ni las magnificencias del Portugal contemporáneo con su amplia civilización abierta a todos los horizontes.

II

De súbito se presentó en el risueño hogar una vieja húngara, pintoresca con sus harapos de colores y con su collares de monedas exóticas. Dijo a todos extraño augurios y Pablito profetizó un futuro novelesco.

Algunas horas después acaeció una cosa terrible. La gitana y el niño desaparecieron sin que nadie se diera cuenta inmediata del tremendo suceso.

No describiré la angustiosa desesperación de los padres. Se agotaron los medios para encontrar a la criatura. Días y semanas se perdieron en pesquisas inútiles; la ciudad entera se conmovió con el desventurado acontecimiento; y tres meses después el conde, promovido a otro cargo, con la muerte en el alma iba ya a abandonar Centro América, cuando, en una medianoche del plenilunio de septiembre, propicio a los misterios sobrenaturales, sonó de pronto el timbre portón; Gladys, que apenas dormía, siempre suspirando por el

pequeño ausente y jamás consolada en su desgracia, fue a abrir... Y
¡oh suprema alegría!, vio una sombra desvanecerse en la penumbra
de la calle, y... parado en el umbral, a Pablito, que le tendía los brazos
y se apretó contra su pecho, besándola con sus más dulces efusiones.

III

Volvió a brillar de nuevo el sol de los tiempos felices en la gran
casa de la Legación portuguesa. El conde retrasó su viaje, esperando
al sucesor, ya en camino desde un país asiático.

...En tanto, una vaga y penosa inquietud atormentaba a toda hora
el alma de Gladys. Algo equívoco y amargo, que ni a su marido se
atrevía a confiar...

Y el padre, a su vez, sufría de un pesar inconfesable...

La sirviente, que cuidara siempre al niño, dijo a Gladys una tarde:

—Señora, fíjese. Este no es Pablito...

Ella sintió el golpe en el corazón.

No, no era él. Físicamente quizá no hubiera diferencia entre
ambos; pero ciertos gestecillos característicos, ciertos ademanes y
gracias especiales, ciertas íntimas peculiaridades del querido
muchachito, no existían en el otro; quien, a su vez, poseía otros
encantos íntimos, otros atractivos en su naciente desarrollo. Además
—detalle éste de una clarísima elocuencia— Pablito tenía ya dos
dientecillos... y el otro sólo uno

No, no era él. Y, sin embargo, tan inteligente, tan cariñoso y tan
simpático como el desaparecido.

IV

Pasaron veinte años. Carlos de Almeida era Ministro de su país
en Francia y vivía con su esposa y con su hijo Pablo en un palacete
de los Campos Elíseos.

En una fiesta magnífica de la Legación de Inglaterra, Gladys vio
junto al piano a un joven de suprema elegancia que hablaba a media
voz con Felisa Wilson, la cantante célebre. Súbitamente sintió que el
corazón dejaba de latirle. Una fuerza extraña le impulsaba hacia el
hermoso desconocido.

Trémula, preguntó una amiga que pasaba:

—¿Quién el caballero que conversa con la estrella de la Opera?

—¡Cómo! ¿De veras no le conoce? Es hombre de día en los círculos de diplomacia. Pablo Montmorency, marqués, violinista, poeta, pintor y Primer Secretario de la Embajada de Italia. Es el joven más seductor que existe. Las mujeres adoran y no hay hombre que escape a su dominio. Impera, donde se presenta, de manera absoluta. Habla todos los idiomas vivos, conoce todos los deportes y es bello como un dios. Tiene veintitrés años y cuarenta millones de dólares. Su vida es una novela misteriosa y maravillosa.

V

Algunas horas después, por un incidente obscuro ocurrido en el Círculo Extranjero, se batieron a pistola Pablo de Almeida Pablo de Montmorency. Éste quedó gravemente herido, pero su adversario murió en el encuentro.

En la noche del 14 de julio, cuando todo París llenaba las amplias avenidas y el rumor de la vasta ciudad ascendía como un himno profundo, el marqués de Montmorency agonizaba en su palacio del boulevard Haussmann.

La condesa Gladys se presentó a las doce; conducida por el Ministro de México atravesó los salones y las estancias entre grupos de diplomáticos y personajes del gran mundo, asombrados a su presencia en aquel sitio.

Al acercarse al espléndido lecho, el moribundo se incorporó y abrió los brazos. Ella lo tomó en los suyos sollozando y así unidos permanecieron un instante.

Con una voz opaca, como venida del más allá, le susurro el joven junto al corazón:

—En mi libro de memorias, que recibirás mañana que ya no exista..., verás que tuve razón en matar al otro y que no debes guardar rencor de tu verdadero Pablito…

123

UN PRESAGIO

Jerónimo Reina y yo, en plena infancia, éramos íntimos amigos en la escuela de Juticalpa.

Juntos se nos veía por todas partes: correteando por los cerros, en baños de La Piedra Gorda, calles las polvorientas. Leíamos, con rara precocidad, cuantos libros y periódicos en nuestras manos y renglones cortos dábamos forma los primeros sueños.

Llegó a la ciudad una caravana de húngaros que en la plaza instalaron sus tiendas amarillentas. Hombres y mujeres acudían a divertirse con el espectáculo de sus pintorescas miserias. Una vieja espectral, de una antigüedad secular, cubierta de harapos descoloridos y de brazaletes sonoros, decía la buenaventura. Relucientes monedas de plata sin acuñar recogía de su charla monótona que salpicaba con vocablos agudos de su lengua salvaje. Nosotros la oíamos asombrados, admirándola por su vetustez, por sus largos dedos de momia, por sus ojos de un verde ceniciento que tantas tierras lejanas habían visto.

Una tarde tomó nuestras manos, examinándolas con unos lentes de un azul casi negro: primero las de Jerónimo, después las mías... Lanzó de pronto una exclamación gutural y habló vivamente.

¡Muy extraño! ¡Muy extraño! —gritaba—. Oigan, muchachos; no lo olviden nunca: EN EL MISMO MINUTO EN QUE OCURRA LA MUERTE DE UNO DE USTEDES, CORRERA EL OTRO UN TREMENDO PELIGRO.

II

Varios lustros transcurrieron y un treinta de diciembre recibí una carta de Jerónimo, por aquel entonces jefe político y militar de Copán.

"Estuve anoche a punto de perecer —me decía—. La muerte pasó junto a los dos sin darte cuenta de ello. Recuerda la predicción de la gitana".

Pero poco a poco fuimos olvidando aquella profecía, de la cual, por una especie de convenio tácito, no hablábamos a nadie.

Llegó el año de 1918 —por varias razones trascendente en mi destino— y un mal implacable devoró a mi amigo en pocos meses, interponiéndose en si brillante carrera política.

III

El gran costarricense Alfredo Volio —con quien me unía un mutuo aprecio— murió lamentablemente en Granada en aquellos días de diciembre en que regresaba el Presidente Bertrand de su gira por Olancho. Su viuda y su hija —la encantadora Niní —lloraban su desgracia en esta capital, en casa de la familia Oreamuno, que es hoy la que habita don Santos Soto. Su hermano, Monseñor Claudio María, actualmente Obispo de Santa Rosa, y que era número distinguido en la excursión presidencial, ignoraba aquella muerte.

Don Nicolás Oreamuno me suplicó el 29 de diciembre que le acompañara al día siguiente a La Cofradía para que yo diera a Monseñor la fúnebre noticia, pues él no tenía el valor para hacerlo.

Me negué, recordando el presagio remoto. Le conté el caso.

—Jerónimo está gravísimo —le dije—. Ayer, que fui a verlo, me dijo estas palabras: "¿Has tomado tus precauciones? ¡Acuérdate!".

Pero él se rio de mi superstición.

Y yo le acompañé.

Casi toda la sociedad de Tegucigalpa estaba en aquella aldea. El doctor Bertrand y su familia atendían afablemente a sus amigos y Monseñor era entre ellos el más alegre.

IV

A las tres y media de la tarde resolvimos adelantarnos a la comitiva para evitar a Volio una explosión de dolor entre tantos extraños,

El Presidente puso a mi orden un automóvil y a él entramos, ocupando Monseñor el fondo del carruaje, entre don Nicolás y yo; en las banquetas de enfrente se colocaron los jovencitos Beto y Max Oreamuno.

Ya iba a partir la máquina, cuando se acercó el general Rafael López Gutiérrez a pedirme que le permitiera venirse con nosotros. Yo le ofrecí mi asiento; pero él prefirió ir a la derecha del *chauffeur.* Dije a éste en el momento de salir:

—Óigame bien: tengo mis motivos para creer que correremos un gran peligro en este corto viaje. Y debemos hacer lo posible para evitarlo. Conduzca despacio la máquina: la carretera es muy angosta y tiene muchas curvas violentas. No importa que lleguemos a cualquiera hora.

—Es muy extraño esto en usted —me contestó—. Varias veces le he conducido y siempre me pidió que, fuera de la ciudad, pusiera el auto a toda carrera. Con usted he viajado vertiginosamente...

—Cierto es; pero hoy le pido que vaya despacio.

Con lento andar salimos de La Cofradía y, a los pocos minutos, don Nicolás, con un gesto, me indicó que era llegado el momento de hablar con Monseñor.

Quien, como si presintiera súbitamente lo que pasaba, me preguntó lleno de sobresalto:

—¿Ha sabido de Alfredo?

—Sí, señor. Está muy enfermo en Granada.

—¿Muy enfermo?

Y sus manos temblaban.

—¡Dios mío! ¿Es que ha muerto?

Mi silencio, y el de todos, confirmó su sospecha, y con la frente inclinada sollozó como un niño.

En ese instante, las cuatro menos dos minutos, noté que el carro duplicaba su velocidad. Los paisajes del camino pasaban ante mis ojos con alucinante rapidez. Pero yo, impresionado por aquel dolor, me olvidé del peligro. En un segundo relampagueó en mi cerebro la certeza de la muerte inminente que nos aguardaba. Vi. Como en una pesadilla, un ángulo de la carretera hacia el cual volaba el automóvil.

—Allí pereceremos —pensé.

Y fue allí donde la máquina se precipitó con terrible violencia, rodando por un abismo cubierto de agudos peñascos.

¿Cómo salimos vivos de aquel percance terrible?

Todos quedamos inmóviles y ensangrentados a varios metros del auto deshecho-

Cuando recobré el conocimiento, vi, entre el grupo que me rodeaba, al doctor Llerena.

—¿Y Jerónimo? —le pregunté-

—Murió a las cuatro, en el mismo minuto en que ustedes casi tocaron el umbral de la eternidad.

EL FANTASMA BLANCO

I

Al anochecer de un dos de noviembre llegué a La Antigua... Un frío viento azotaba las calles obscuras; y las campanas de todas las iglesias, en un redoble monótono y tristísimo, gemían por los difuntos.

El aspecto fantástico de la ciudad en la sombra y el silencio; su vago olor a ciprés; las quejas de los bronces y de las brisas, aún más que sus extrañas leyendas, me impresionaron profundamente.

Penetré al hotel dominado por una fúnebre emoción. Al mirar sus anchos corredores, en que parpadeaban algunas luces amarillas, evoqué un viejo monasterio castellano que conocí, hace poco tiempo, en una de mis excursiones a Toledo. Mientras me conducían a mi cuarto, se agolparon en mi memoria imprecisos recuerdos de mi permanencia en España: sus catedrales, sus conventos, sus históricos palacios de piedra, sus castillos; toda la romántica tristeza de su pasado, en el que se destaca el enorme Escorial, maravilloso monumento de granito que asombra al viajero, y en cuyo interior se siente una indefinible impresión de asombro y de espanto, una aguda angustia de espíritu, un hálito mortuorio.

II

Vagué —durante quince día— sin rumbo fijo, embriagándome de aire y de luz, y de añoranzas entre las ruinas, que millares de curiosos de todos los países han profanado con sus frívolas sorpresas y con sus juicios mediocres. Uno que otro peregrino, de imaginación y de talento, miró estos escombros con los ojos del espíritu, y dio a cada pedrusco y a cada frase pretérita su arcano e inmutable valor. Sucede con esta clase de reliquias del Ayer lo que con las piedras preciosas: todas la admiran por su notorio mérito, pero conocen muy poco su secreto encanto.

Estas ruinas tienen un alma profunda y viven una vida misteriosa . Ráfagas y dolores de los siglos duermen en sus poros inmóviles, y todo en ellas hace soñar y sufrir. ¡Arcos pétreos que truncó el destino en una hora de catástrofes! ¡Rotas cúpulas por entre cuyas anchas grietas se mira el cielo azul! ¡Arabescos de los palacios, paredes obscuras de las celdas, bocas de sombra de las húmedas galerías subterráneas! ¡Tienen un espíritu ignoto! ¡Están poblados de fantasmas!

En las horas de silencio —cuando los antigüeños del presente reposan sin recordar el pasado—; en las tétricas noches sin luna surgen de los escombros voces y figuras que la Historia empieza a olvidar y se agitan por la dormida ciudad en una rápida existencia ilusoria. Van y vienen, como en los tiempos en que sufrieron y amaron, las damas y los caballeros; y las gentes del pueblo en los amplios suburbios. Las calles se llenan con las compactas multitudes del antaño. Hay fiestas alegres en los salones y pomposas ceremonias en las iglesias y toda la vieja metrópoli recobra su extraordinario esplendor. Pero sus cantos y sonoros estruendos y la voz de sus penas y pasiones no llegan a los oídos de los vivos que duermen sino como algún remoto rumor, que ellos juzgan murmullos de los vientos entre los cipresales. Y cuando las estrellas palidecen en el sombrío cielo, todo vuelve a recobrar su natural aspecto de prosaico existir. Y el inofensivo y gordo ciudadano que ensilla su caballejo para ir en busca del diario alimento: que va a San Lorenzo el Cubo o a Santa Catarina Barahona a cobrar diez libras de café que dio al crédito; y la rica matrona que se estira en su lecho perezosamente antes de vestirse; y el mozalbete que rememora, entre dos largos bostezos, algún grato percance amoroso; ni vaga, ni de abstracta manera pueden imaginarse la intensa vida nocturna de la vieja ciudad y de sus viejos fantasmas.

III

En la agonía de un crepúsculo de diciembre —cuando el sol en el tramonto apagó su último resplandor—, obedeciendo a una voz secreta, entré al templo de La Merced. Una que otra lámpara clareaba la tiniebla con fulgores mortecinos. Me senté en un banco, cerca de un altar. Mujeres vestidas de negro penetraban por la puerta mayor, interrumpiendo con sus pasos el solemne silencio. Una forma blanca se hincó junto a mí. Abstraído en uno de esos mágicos sueños que alucinan mi espíritu cuando me hallo en el recinto de una iglesia, permanecía inmóvil mirando una estrella que brillaba en el fondo de una de las altas ventanas ovales. La noche cayó y la obscuridad se hizo más densa... Las devotas encendieron sus velas de cera.

Lentamente me volví hacia mi vecina. Y estuve a punto de lanzar un grito de sorpresa. En la radiación amarilla de la vela miré a una joven inolvidable. Un ligero traje blanco, de seda o de lino, modelaba sus formas adolescentes, casi infantiles. Pero... ¿en dónde podré encontrar una frase angélica para describir su rostro, de una blancura imponderable y de una belleza extraterrena? ¿Cómo definir, con las palabras comunes de un estilo normal, la divina expresión de aquellos ojos, impregnados de amor, de martirio y desesperanza? La boca de pálida rosa, las mórbidas manos de alabastro, ¿no me hicieron pensar en la Gioconda, que florece de gracia inmortal en la tela del armonioso Leonardo ?

Ella me miraba dulcemente; y el cerebro del hombre jamás podrá concebir el mundo de poesía y ternura que encerraban aquellas pupilas, cuyas miradas, deshaciéndose en mil tenues rayos, parecían penetrar por todos mis poros, besándome el alma y haciéndome languidecer con su caricia sobrehumana.

Me hallaba embriagado y muy lejos de las cosas de la tierra... ¿Cuánto duró aquel éxtasis profundo en que, sintiendo la gloria inefable de los dulcísimos ojos quiméricos, me consideré, al mismo tiempo, el más venturoso y el más infeliz de los mortales? ¿Un minuto? ¿Una hora? ¿Un siglo...? No lo sé. Caí desvanecido sobre el banco y al despertar la iglesia se hallaba solitaria. Un eclesiástico apagó las últimas luces. Recogí mi sombrero, caído sobre el pavimento, y, con paso de sonámbulo y las ideas en desorden, salí del templo.

Caminé automáticamente en dirección al hotel. Las calles desiertas, sumergidas en lúgubre silencio, me hicieron pensar en las necrópolis antiguas. Abrí mi cuarto, y sin fuerzas para la más leve acción, me arrojé vestido en el lecho. Durante toda la noche fui presa de las más extravagantes alucinaciones, de los más ardientes delirios, de los ensueños más puros, de las más siniestras pesadillas. Me despertaba estremecido de espanto, con el corazón saltando como un pájaro salvaje en una jaula de acero; o, después de un suavísimo sueño, abría lentamente los párpados con una deliciosa languidez...

Pero ya despierto o dormido, ya febril o sereno, aquellos ojos me miraban desde un ámbito remoto. A veces sentía que se acercaban hasta rozar mi frente con sus largas pestañas, esparciendo en mi rostro un aroma sideral; y luego se perdían en ignotos espacios esfumados en la Eternidad. Pero desde los fantásticos infinitos llegaba a mí su luz en una tibia caricia, impregnando mi ser de celestes anhelos.

Penetraba el sol por la entreabierta ventana cuando me incorporé sobre los almohadones. Con la dolorida cabeza entre las manos me quedé mirando los volcanes de Fuego y de Agua, cuyas gigantescas moles resplandecían como hiperbólicas turquesas en la gloria matinal. Un plateado gorro de nieblas cubría una de las altas cumbres y el cielo radiaba con mágicas coloraciones de zafiro y lapislázuli. Un fresco soplo oreó mis sienes. Con gran esfuerzo me puse en pie. Me sentía débil, con inseguridades de convaleciente en las ideas y en los músculos, y no me sorprendí al mirar en el espejo mi palidez y mis ojeras.

Solamente después del baño recobré mis fuerzas. Y ya de nuevo en posesión de mis energías quise, con irresistible deseo, ver otra vez a la misteriosa criatura que tan violentas sensaciones había despertado en mí. Se me hicieron interminables las horas de aquel día. Subí al Cerro del Manchén, y, a la sombra de un ciprés, contemplé largamente la melancólica ciudad de ruinas y de recuerdos, propicia, como ninguna, para las mórbidas soñaciones, sobre todo para los espíritus que, como el mío, viven ávidos de quimeras y de imposibles.

Caía la tarde y el amplio valle se obscurecía tristemente. Grave pesadumbre flotaba sobre los derruidos palacios. Una claridad casi lunar se difundía del ocaso y una vasta quietud reinaba por doquier. Las copas de los árboles, sacudidas por los vientos errantes, se quejaban como si sufrieran. En las lejanías humos azulados se elevaban al cielo, en el que aparecían los primeros luceros de plata.

De súbito, en la honda tristeza del tramonto, en la agonía luminosa de la tarde, vibró una campana a lo lejos, violando el mortuorio silencio.

Me estremecí un segundo... Del templo de La Merced llamaban a los fieles a las oraciones vespertinas.

Comencé a descender por la falda arenosa con el alma vibrante de inquietudes y de ilusiones. Hacía apenas un día que admiré, por vez primera, a aquella grácil adolescente y ya la amaba con una desesperación inexpresable. Me imaginaba que fue mi novia en un mundo anterior y que volvía a encontrarla después de singulares evoluciones arcanas. ¿Cuál era su nombre? ¿De dónde venía? Extravagantes conjeturas me asediaban acerca de su carácter, de su espíritu, de su inteligencia; y diversos proyectos surgían en mi cabeza sobre nuestros destinos... Sí... ¿Por qué no? Me casaría con ella. La caduca metrópoli oiría nuestras risas; y cogidos del brazo vagaríamos por sus callejuelas, interrumpiendo con nuestra juvenil felicidad la tristeza del fúnebre ambiente. Recorreríamos, en pleno idilio, los pintorescos alrededores, en las tibias noches fulgurantes, persiguiendo las luciérnagas, y desafiando con nuestra sonora ventura a los difuntos que duermen por todos lados bajo las grandes cruces de piedra. Poblaríamos con las profundas músicas de nuestros corazones la calma solemne de los plenilunios... Pero, ¡Dios mío! ¿Será cierto que ella existe? ¿Difundirá en la tierra su leve gracia, o será, no más, una seráfica visión nocturna, un fugitivo ensueño de mis sueños?

Al hacerme estas preguntas, negras brumas apagaban mi luz interior, y una angustia sin nombre me cortaba el aliento. Todo me era entonces hostil y el mundo me parecía un vasto sarcófago, un antro de fríos huracanes y de horribles desolaciones.

IV

Ya en la iglesia, busqué mi sitio de la noche anterior. Ella se encontraba de rodillas en el suyo. Al acercarme se cruzaron nuestras miradas y sentí como un golpe eléctrico en el corazón, y después una especie de encanto delicioso.

Me hinqué a dos metros de su falda blanca. Hojeaba sin ruido su devocionario y observé temblando la tenue sombra de sus dedos sobre las páginas…

Ahora sus ojos me rehuían. Pero me buscaban ávidamente tan luego como dejaba de mirarla.

Yo recogía estremecido, en mis pupilas, su mágico perfil de leyendas, el óvalo angélico y la expresión de infantil candor de su semblante maravilloso; y en mis ojos resplandecía mi alma.

Terminaron los cánticos litúrgicos y el rumor de los rezos. Ella se levantó, y yo fui tras su pálida silueta; pero al llegar a una puerta lateral dejé de percibir su veste blanca. En vano la busqué en la negrura de la calle.

V

Así pasaron veinte días que se me figuraron veinte años. Mi existencia se resumía en aquel rápido instante vespertino en que su mirada me producía una felicidad sobrenatural.

Jamás una frase, una palabra, se cruzó entre nosotros. Ella no conocía mi voz. Yo no conocía su voz. Nunca pude seguirla hasta su casa. Ignoraba su nombre y no me atrevía a interrogar a nadie acerca de su persona, dominado por una secreta potencia que inútilmente había intentado vencer. Tomé, dos o tres veces, la resolución de aclarar aquel grave misterio; pero en el momento de hacer una pregunta sentía como si el corazón estallara en pedazos y como si fuera a morir... Por lo demás, me consideraba feliz con aquella situación de ventura y tormento; y mi única, verdadera y grande angustia consistía en el temor de no volver a encontrar a mi adorado fantasma.

VI

Mi permanencia en La Antigua se prolongaba, de esta manera, indefinidamente. Guardaba, sin contestar, las cartas y telegramas que me dirigían mis amigos, llamándome; y olvidé mi mesa de trabajo en la redacción de uno de los diarios de la capital. Estaba mortalmente enamorado, y hubiera acometido la más heroica empresa por oír mi nombre en los labios de aquella misteriosa beldad.

Pasaba el día inventando rimas imposibles en honor de sus manos o de sus ojos alucinadores: o procurando bosquejar, en el encaje de una prosa musical, su ligera forma obsesionante. Y en la noche, después de que ella huía de mi lado, erraba por la ciudad monologando como Hamlet, apostrofando amorosamente su

134

recuerdo, llamándola con los más violentos ímpetus de mi corazón...
Algún perro extraviado aullaba en las veredas; algún gallo cantaba en
los viejos corrales; alguna lechuza lanzaba en los aires su grito
agorero...

Ecos que se perdían en el espacio ennegrecido, y levantaban otros
rumores y otros ecos en el seno de los vecinos boscajes.

VII

Cierta mañana, en un súbito arranque, fatigado de aquel vivir
enfermizo, resolví normalizar mi situación y conocer mi destino.

Me vestí de negro, por un secreto impulso, asilándome, en la
tarde, en el templo que tanto amaba mi alma. Admiré la hermosura de
algunas imágenes y las severas decoraciones de los altares, y luego
me entretuve en leer los epitafios grabados en granito y mármol en el
piso y en las paredes.

Ignoro por qué atraen mi curiosidad, de manera más intensa, las
inscripciones sepulcrales de los templos las de los cementerios. Quizá
debido a que el lugar es aún más sagrado por la presencia de los
símbolos religiosos y por la excepcional pompa de los ritos y de las
fórmulas eclesiásticas.

Fui leyendo, con sincero respeto, nombres y fechas, y frases
alegóricas, algunas antiquísimas, casi borradas en la incolora piedra.
Un número, una letra —rotos bajo la implacable acción del tiempo—
hacían, con frecuencia, indescifrables las líneas de los recuerdos.
Apellidos tradicionales se mezclaban con signos anónimos. En varias
tumbas sólo se veía una palabra. En la en que se hincaba mi pálida
desconocida vi este único nombre:

CLEMENCIA.

Y tan fúnebre laconismo se notaba, generalmente, en los nichos
de los muros. Había, también, sonoras estrofas sin poesía, formadas
con absurdos adjetivos consonantes inoportunos.

Transcurrieron dos horas. Me senté en la grada de un
confesonario, y me puse a repetir mentalmente lo que pensaba decirle
a mi amor. Las frases encendidas de mundana pasión se atropellaban

en mi cabeza con los vocablos más tiernamente humildes y respetuosos. Temblaba al pensar que podía faltarme el ánimo en el minuto supremo.

Vibró la campana en lo alto de la torre. Sonó y resonó a cortos intervalos y bajo la nave se perdían los ecos sordamente. Grupos de mujeres aparecieron en las tres grandes puertas, iluminadas por las postreras claridades solares.

Sentado en mi sitio, que nadie me disputaba, oía preludios de la música del coro y el murmullo de iniciales oraciones... y la joven no llegaba.

La iglesia se hallaba más obscura que costumbre. Una inquietud tremenda llenó de angustia mi ser... ¿No vendría esta noche..? Noté que encontraba solo en el lado izquierdo del templo, y que en el otro se agrupaban los fieles. Imaginando que aquello obedecía a alguna especial disposición eclesiástica, me disponía a cambiar de lugar, cuando la vi venir rodeada de silencio y más linda nunca.

En la penumbra semejaba, en verdad, una ilusión angélica, un lirio mágico errando en la noche

Oí un leve rumor de alas; y un aroma ignoto, sólo aspirado en los blancos sueños de la infancia, y una melodía recóndita, arrullaron mi alma.

Se hincó con los extremos del velo de encajes entre las dos manos unidas. Miré, una vez más, aquellas manos, y me parecieron dos pálidas camelias. Eran mórbidas, de una irreal blancura, de una pureza imponderable. Instintivamente, seducido por las dos flores milagrosas de inocencia, me fui acercando a la joven hasta casi tocarla con mi cabeza, sin que ella pareciera notarlo.

...Fue, entonces, cuando murmuré las trémulas frases de mi amor espiritual y profundo, en el que no cabía ninguna miseria terrena... Fue, entonces, cuando exalté mi pasión con palabras ideales que eran como albos pétalos de los nocturnos jardines del misterio.

¿En dónde hallé aquel lenguaje de los cielos, en que cada expresión tenía un sentido seráfico y en que mi esperanza se revestía de una divina castidad?

(Pero, para hablar a aquella virgen, ¿qué otra norma de estilo podía usarse? ¡Si toda ella parecía formada de una celeste carne y de un espíritu encendido por el soplo de las perfecciones eternas!)

...Se desbordó mi ser dulcemente; y todo lo que había en mí de ingenuo e infantil, y todo lo que ignoraba en mí de bueno y de grande, salió de mi boca en frases tenues, lentas y hondas, como largos suspiros que iban a morir a sus pies.

...De mis más recónditos interiores volaron mis sueños más puros en busca de su alma; y mis más radiantes visiones de poesía y de amor la acariciaron intensamente con sus perfumes y con sus músicas...

Hablé así durante mucho tiempo. Ella permanecía inmóvil, con la graciosa cabeza inclinada sobre el libro de oraciones.

Sólo cuando se extinguieron mis palabras... Pero, ¿había yo hablado, o únicamente mi espíritu se comunicó con su espíritu y las frases que yo creía decirle resonaban nada más que en mi interior, en mi alma y en su alma..? No lo sé... No lo sé... No lo sabré jamás.

Cuando se extinguieron mis palabras... volvió su rostro hacia mí, y un escalofrío me azotó un segundo. Un escalofrío de amor y de dolor, un estremecimiento de indecible admiración... ¡porque nada de lo que existe en este miserable planeta puede dar siquiera vaga idea del íntimo encanto y de la triunfal hermosura de aquel rostro!

Fijó en mis ojos sus grandes ojos semejantes a dos pálidas violetas o a dos resplandecientes amatistas, impregnados de una ternura suprema en que se resumían todas las profundas ternuras de la vida, y que buscaban mi alma aún más allá de la Vida... Después se llenaron de lágrimas, que cayeron lentamente, lentas y extrañas en el silencio, sobre sus dedos enlazados... Sentí un imperioso deseo de beber aquellas lágrimas, de estrechar sobre mi corazón las dos manos divinas, y me aproximé aún más... Ella se puso entonces de pie y se dirigió a la puerta mayor con paso tan leve que no resonaba sobre las baldosas.

La seguí por la obscura calle, guiado por su blanca veste. Pasamos bajo el Arco de Santa Catarina sin encontrar a nadie. El cielo parecía de negro terciopelo. Se paró en una esquina, frente a un Cristo iluminado por un pequeño farol de gas. Creí que me esperaba y mi corazón dio un salto. Pero luego continuó caminando. Triste y fatigado me detuve, comprendiendo que rehuía mi presencia. Pero ella también se detuvo. A una corta distancia uno de otro erramos durante algunos minutos. Atravesamos plazas y callejuelas por entre ruinas y solares solitarios. El viento aullaba sobre la ciudad y un frío glacial helaba mis venas.

Sonó un reloj en la distancia. ¿Qué hora sería? ¿Las doce? ¡Quién sabe! Ya no me daba cuenta ni del tiempo ni de la vida; ignorando qué hacía y en dónde me hallaba. ¿Iba tras una mujer o tras un sueño?

...¿Cuándo detendrá Ella su carrera ? ¡Quizá nunca!

Mas, he aquí que de pronto, cerca de la Cruz del Milagro, la fugitiva se introdujo en un viejo portón, cuya pesada hoja se cerró al punto. Pertenecía a una vieja casa de piedra. Empujé la gruesa madera inútilmente, pues apenas lanzó un agudo chirrido que se dilató como un lamento lúgubre en el callejón penumbroso.

Obstinado y febril, rondé por los alrededores, acariciando imposibles esperanzas.

Me recosté, privado de toda voluntad, moribundo de pena y desolación, sobre la ventana única de la misteriosa casa. Ni un ligero resplandor por las rendijas, ni el más leve ruido se percibían dentro. Nada. Solamente al retirarme, ya próximas las primeras luces del amanecer, me pareció oír, del fondo de las tenebrosas habitaciones, un suave sollozo... ¿Un sollozo...? Quizá fue el viento, que, como un gran perro fantástico, aullaba tristemente en el frío silencio de la noche.

VIII

Pasó un mes. La alteración de mis costumbres y la constante inquietud de mi pensamiento desequilibraron mi organismo. Grave atonía entorpeció mis músculos. Permanecí mucho tiempo casi inmóvil. Después, friolento y vagabundo, erraba por los amplios corredores del Manchén; o, recostado en una cómoda butaca de cuero, con los ojos fijos en el firmamento, seguía el viaje voluble de las nubes a través de los azules infinitos.

Dormía horas y horas sin moverme, con torpe sueño profundo. Me levantaba a las nueve, y, a pesar de mi absoluta indiferencia por todas las cosas, no podía menos que admirar aquellas mañanas únicas, de una deslumbrante claridad diamantina. Bajo el ábside celeste, la verdura de los montes despedía tornasoles reflejos metálicos. La atmósfera era de una transparencia de cristal y ni el más ligero vellón blanco alteraba el matiz uniforme de los resplandecientes horizontes. Una cálida delicia invadía mis miembros: y así, poco a poco, en aquel clima edénico, con matinales paseos y baños tónicos, recobré por completo la salud en breves días.

Pero un amargo tedio roía mi corazón. Mi dolencia moral tomó un carácter alarmante desde la negra noche en que miré, por la vez última, a mi blanco fantasma. Todas las tardes subsiguientes fui a La Merced, ávido de verla; mas la iglesia, impasible ante mi duelo, permaneció cerrada y silenciosa. Volví a rondar, obstinadamente, por la casa en que Ella desapareció. El viejo zaguán —que algún hidalgo español mandara revestir de espirales broncíneas y heráldicos rosetones— yacía en su inmovilidad secular. Varias veces moví desesperado el herrumbroso picaporte...: el ruido se perdía vanamente en las soledades interiores. El eco, en ciertas horas, me parecía rumor de pasos... ¡Esperanza fugaz, ilusorio imposible!

IX

¿Quién detiene la fuga del tiempo...? Las semanas pasaban y yo no podía abandonar La Antigua. ¿Cómo alejarme para siempre de la encantadora ciudad sin descifrar el misterio que transformó mis ideas y mis emociones?

¿Qué fue de mi ser en las extrañas noches en que un amor hecho de supremas angustias, de ilusiones y presentimientos, volaba más allá de la tierra, bañado en la luz del infinito? ¿Quién era aquella criatura sideral, en cuyos ojos mágicos vi la Eternidad, y cuya expresión de ternura inefable guardo en lo más hondo de mi espíritu como un inmortal tesoro ?

...Aún en sueños, sus manos cándidas, como dos celestes flores, se posaban en mis cabellos o cerraban mis ojos; y su blanca forma iluminaba en la media noche la obscuridad de mi cuarto, dejando en él una estela perfumada...

...¡Ah, su aroma, que era, en verdad, como el alma de un aroma, tan suave, tan casto, tan sutil que sólo podía percibirlo mi espíritu! ¿A qué cosa tenue, de una levedad inverosímil, pudiera compararse aquel perfume que no existía y que evocaba un país risueño de milagroso encanto, haciéndome soñar en un amor sublime, jamás imaginado por el frívolo deseo de los hombres?

...Como un debilísimo hálito de los orbes angélicos llegaba hasta mí su íntima fragancia, cuya delicia irreal no puede explicarse con las incoloras palabras de nuestro efímero idioma. Necesitaría inventar voces musicales y profundas, hondos términos singulares, para describir aquella secreta y vaga poesía de un perfume. Baste saber a los raros espíritus que comprenden que los olores de las flores más delicadas y puras no darían, ni la más remota idea, de aquel recóndito olor de amor, que era como el aroma de una virgen divina, y que sólo yo podía sentir, porque era sólo para mí.

Mas, ¿cómo descubrir el secreto de aquella esfinge errante ?

No pensé nunca en interrogar a nadie, por varios graves motivos, entre los que no era el menor una especie de prejuicio invencible que me hacía ver como una profanación sin nombre el acto de vulgarizar mi ensueño; y, además, porque temía que se me tomara, con sobrada razón, por un neurasténico inventor de fábulas.

Pero amplié el círculo de mis relaciones sociales, con la lejana esperanza de que, de una manera indirecta, y sin que mi curiosidad tomara en ello parte, mis nuevos amigos edujeran mi sobrenatural episodio a las normales condiciones de la vida.

Me hice presentar en varias casas de honorables familias, en donde conocí algunas hermosas jóvenes, que disiparon un tanto, con su fresca gracia, mi tedio y mi melancolía.

Empleaba, ahora, el tiempo en recorrer los interesantes alrededores de la ciudad, a pie o montado, solo o en compañía de varios alegres camaradas, de quienes oía todo género de confidencias y que me relataban los históricos episodios de confidencias y que me relataban los históricos episodios y tradiciones locales. Pude, de tan fácil manera, fortalecer mi memoria sobre las leyendas de la vetusta metrópoli, que leí en mi infancia, y que ya había olvidado.

Realicé grandes caminatas por Ciudad Vieja, San Juan Gascón, San Luis de las Carretas, San Pedro de las Huertas y todas las otras poblaciones que rodean a La Antigua; y acaricié el proyecto de ascender los 3.752 metros del Volcán de Agua.

Almorzaba con frecuencia en algunas de las fincas vecinas después de bañarme en el Portal, en Pamputic o en San Cristóbal. O visitaba, por la décima vez, las ruinas de las iglesias, en donde cualquier vagabundo me contaba, con frases difíciles o absurdas, la tradición del *Hermano Pablo* o la dramática historia de Los cadáveres azules, entre otros mil cuentos o consejos refundidos o alterados lamentablemente por las míseras imaginaciones populares.

¡Cuánto soñé en aquellas inolvidables excursiones!

En una serena tarde de amaranto, recostado en el árbol que sombrea las ruinas del palacio de doña Beatriz dela Cueva, en Ciudad Vieja, evoqué los días sonoros de la Conquista, y toda la terrible epopeya lejana, y la brillante figura del siniestro y bello Tonatiuh, ebrio de oro y de sangre.

¡Qué de sombras heroicas o prestigiosas, impregnadas de la soñadora poesía de las edades pretéritas, encendidas con el cárdeno fulgor de las catástrofes, en la trágica apoteosis del amor y de la muerte, surgieron en mi cerebro, en medio de los imponentes escombros sagrados!

Se aglomeraban las remotas remembranzas en mi fantasía, en increíble desorden cronológico, saltando épocas y confundiendo los nombres y los acontecimientos. Escenas de la Colonia y anteriores a la Colonia, actos de nuestros próceres y episodios de la segunda mitad del siglo XIX, páginas del Popol-Vuh y de la Reseña de Milla, se revolvían en mi cabeza en esas horas de meditaciones y evocaciones.

...Oía, a lo lejos, el triste son de las chirimías y atabales; y recordé la pomposa procesión del 22 de noviembre en el Paseo de Santa Cecilia, formada por linajudos personajes y flamantes cuerpos militares. Veía los gallardos penachos y los paramentos de oro de los corceles montados por los gentiles dragones provinciales...; y el gráfico espectáculo de las corridas de toros, en que las bellas damas lucían sus mantillas blancas y sus claveles rojos.

...Lamentaba que la hija de la princesa Luisa, la encantadora doña Leonor —en cuya sangre se mezclaba la osadía del hispano con la fuerte gracia del indio— no tuviera el intenso encanto de fábula con que aparece en la novela de Salomé Jil; y que, en vez de llorar eternamente al hermoso y arrogante don Pedro de Portocarrero, se casara, como cualquiera rica hembra o humilde mozuela del suburbio, con el enteco don Francisco de la Cueva, Licenciado y mediocre.

...¿Eran de graciosa apostura doña Inés y doña Anica, medio-hermanas de doña Leonor, y que perecieron en la inundación de 1541? ¿A cuál de esas hijas amaba más el fiero Adelantado...? Y la bizarra figura del audaz aventurero, fulgurante como un Borgia, se alzaba sobre todos los episodios de la Conquista, con sus cabellos de oro, su temible espada, y sus ojos fríos y crueles.

Parado sobre un arco trunco de la antigua catedral, o en el campanario de San Francisco, o sobre los majestuosos escombros del templo de la Concepción, ¡cuántas veces mi fantasía, con el pavor del águila en la tormenta, no revoló hacia el remoto pasado, pleno de recuerdos caballerescos y de actos sangrientos y brutales! El horrible martirio de los indígenas; las tribus arrasadas por las implacables hordas castellanas; el flamear de las banderas y el ruido de los tambores; el volcán homicida arrojando de su seno sus líquidas trombas oceánicas entre pavorosos estruendos; las eternas intrigas de amor en la real corte de don Pedro; todo desfilaba ante mi espíritu, absorto en las grandiosas evocaciones del antaño.

¡Cuánta gloria! ¡Cuánta sangre...! Y ahora, todo yace en taciturnas ruinas... Pero en estas ruinas cuánta enseñanza y qué fastuoso tesoro para la Poesía y para la Historia!

XI

Ocupaba algunos días en la lectura. Volví meditar en el destino de las razas, recorriendo, una vez más, el libro sagrado de los quichés, el célebre Popol-Vuh, cuyas páginas seductoras encantaron muchas tardes azules de mi infancia. Luego devoré varios volúmenes mórbidos de Lorrain, D'Annunzio y Maeterlinck. Bosquejé un estudio comparativo entre el autor del maravilloso Tríptico y Eça de Queiroz, el admirable ironista de La Reliquia, entre los cuales hay la diferencia que existe entre una parisiense, esbelta y viciosa, llena de saber sádico, y una fragante moza de los campos, sencilla, robusta y sonriente... Leí muchos libros de ciencia; estudios de sociología y de psicología, y aun de medicina; hundiendo mi espíritu, ávido de trascendentales novedades, en la meditación de los últimos asombrosos fenómenos teosóficos, observados concienzudamente por sabios italianos y franceses.

Y entonces fue cuando, para no volver a caer en la peligrosa sugestión de mi adormecida quimera, abandoné la lectura nocturna, y dediqué mis horas, después de la cena, a visitar a mis amigas. Recorrí todas las noches, en agradable rotación, las casas en que se me demostraba mayor simpatía... La de la señora V* era, sin duda, la de mi predilección. Tres seductoras muchachas me daban extraordinario encanto. Pronto me acostumbré a llegar a ella diariamente, seducido por el afectuoso interés que me demostraban, sobre todo Bertha, la de la boca de clavel. Era la más simpática y la más joven. De modo que a ella me uní con mayor confianza, y en breve tiempo me entregó ingenuamente su corazón, que era como un pajarillo que jamás había volado. Pasábamos las veladas familiarmente. La señora leía, Julia y Luisa tocaban en el piano o dibujaban, mientras Bertha bordaba y yo a su lado permanecía silencioso. En ocasiones se generalizaban nuestras pláticas, girando sobre todo género de asuntos.

Una noche, al retirarme, me encontré un momento solo con Bertha. Se había levantado del sillón y nos hallamos uno frente al otro. Sin pensarlo apenas, nos abrazamos, impelidos por un movimiento unánime; y yo oprimí dulcemente con mis labios el rojo clavel de su boca. Pero al instante ella palideció, se estremeció como si fuera a morir, y sus ojos se encontraron con los míos... Retrocedí dos pasos, todo trémulo, lanzando un suspiro... Y en silencio tendí las manos a las otras jóvenes, que entraban de nuevo al salón para despedirse.

Ya acostado, libre de aquella súbita sorpresa, no pude menos que reírme de mi enfermiza sensibilidad, que me hiciera hallar una lejana semejanza entre la expresión de las pupilas de Bertha cuando desfallecía en mis brazos y la de los ojos de mi dulce imposible... ¡Ahora sólo recordaba el íntimo placer de aquel beso delicioso, el sabor de flor de aquella boca purísima que yo había violado! Pero, en verdad, ¿amaba yo a Bertha...? Al pensar en ella, soñando en la posesión de su cuerpo y de su alma, ¿sentía aquella esperanza de una vida más alta y trascendente, que ilusionaba mi espíritu evocando a la criatura misteriosa perdida para mí...?

No... ¡No! Bertha era encantadora. Y me amaba con toda su alma. Yo la quería... ¡ay de mí!... ¡cuánto me era posible quererla, amando a otra...! Nada más.

XII

Pasaron aún diez días. ¡Y en una mañana, de las últimas de febrero, decidí partir¡ Cómo lloró, la linda Bertha, cuando le comuniqué mi próximo viaje!

Me dirigía entonces a mi país; pero le ofrecí regresar en noviembre, con los primeros fríos vientos. Sin embargo, sus lágrimas continuaron corriendo, inconsolablemente.

Aquella postrera semana fue para mí tristísima. Parecía —enamorado como nunca de mi dulce Quimera— que al abandonar la vieja ciudad dejaba en ella sepultado mi propio corazón. También sufría por el dolor de Bertha, más bella aún con su aspecto taciturno, que la hacía parecerse a una pequeña madona de Botticelli.

XIII

La víspera de partir —después de las cinco— subí con mis amigas al Cerrito del Manchén.

Luisa y Julia iban adelante, cogidas del brazo. Bertha, en seguida, y yo a su lado —como en nuestras intensas noches— guardaba silencio. Así ascendimos la ligera falda de la colina coronada de eucaliptos y de cipreses. Cada diez metros ella se apoyaba en mi hombro. Yo retuve entre mis manos sus manos, frías y sin movimiento.

Jamás vieran mis ojos, en ningún clima, una tarde tan bella. Brisas perfumadas, como de mieles y vainillas, y campestres flores, movían los ramajes sobre nuestras cabezas. Me pareció que La Antigua se revestía de su luminosa forma de imperecedera hermosura para despedirme. Y, ciertamente, me hallaba absorto ante su espléndido panorama, una de las más estupendas maravillas de la tierra; y nunca, mientras latiera mi corazón, podría olvidar el melancólico y penseroso y recóndito encanto de la divina ciudad de las leyendas adormecida en la tarde azulada.

—Adiós, vieja ciudad del Valle de Panchoy, que aduerme con su leve rumor el misterioso Pensativo... ¡Vieja ciudad en que amé un arcano imposible, y en que me creí un dios enamorado adorado y ángel! ¡Quizá ya nunca volveré a verte, quizá ya por un nunca...! ¡Y como en tu seno me amaron, ya nunca me volverán a amar!

Así monologaba mi espíritu. Estas palabras repetía mentalmente, con los ojos húmedos, a dos pasos de Bertha, que miraba un punto vago en el horizonte... Cambié con mis amigas algunas frases insignificantes... Y luego callamos, comprendiendo que, en ciertos momentos, el silencio es lo más grato a las almas que sufren. En tanto, un quimérico crepúsculo de Doré matizaba los vastos cielos de púrpuras y oros imponderables. Sedas fabulosas se alargaban fantásticamente en las ignotas lontananzas. Gráciles nubes de ópalo y turquesa, y de pálidas amatistas, bogaban como bajeles de ensueño impelidos por el viento errabundo. Una impasible paz descendía de las celestes cumbres; y sobre la muerta metrópoli, llena hoy de escombros y de jardines, lentamente aleteaban grupos de pájaros que huían ante la noche.

Un obscuro dolor lacerante se desprendía de las cosas. A pesar de la extraordinaria magnificencia de la tarde y del singular paisaje de valles y volcanes y espacios abiertos hasta el horizonte, todo parecía gemir a nuestro alrededor. Nosotros no nos mirábamos, temerosos de descubrir nuestras lágrimas.

Rápidamente la tiniebla tiñó el ocaso; y descendimos por el sendero pedregoso.

—Adiós, vieja ciudad del Valle de Panchoy... ¡Nunca, jamás, volveré a verte—.

XIV

En la pequeña sala de la señora V*, en la última noche, yo procuraba, aturdiéndome con mis propias palabras, dominar la honda pena que me roía el alma. Tras un largo silencio, Julia dijo con la voz temblorosa:

—Querido amigo, quizá no hemos de volver a vernos... Y deseamos que usted sepa una cosa, que nosotros calláramos hasta hoy por pudor ridículo, por tontería... no sabemos por qué...

Se interrumpió con un brusco sobresalto. Y todos nos miramos anhelantes, como si de improviso notáramos la presencia de otra alma entre nuestras almas… Una violenta ráfaga abrió la ventana y apagó una de las lámparas.

Bertha se levantó, muy pálida, y cerró los cristales. Toda trémula, Julia continuó:

—Habríamos deseado hacerle esta intima confidencia en nuestra antigua casa de la Cruz del Milagro, que abandonamos hace mucho tiempo. Pero no se pudo... Sepa usted, pues, que tuvimos otra hermana, la más pequeña... Era muy linda, muy blanca, muy triste, y nosotros la adorábamos: una criatura extraña, muy inteligente y de una sensibilidad inexpresable. Era toda corazón, y en sus ojos —los más inocentes y divinos ojos que usted pudiera imaginarse— se veían cosas profundas que no son de la tierra... Ella leyó sus libros, sus versos, sus cuentos fantásticos... y se enamoró de usted. Fue el único sentimiento mundano que empañó su espíritu de ángel. En un escritorio que está en la otra casa guardaba los periódicos en que aparecía su firma, su retrato que recortó de una revista... Y hasta creo que la pobrecilla le escribió algunas cartas, sin decir su nombre... Murió hace dos años... Se llamaba Clemencia, y fue enterrada en La Merced...

Para completar su fúnebre confesión, puso en mis manos una fotografía de gran tamaño.

Y en un estado de alma próximo a la locura o a la muerte, con el rostro húmedo de cálidas lágrimas, vi en el fondo del negro cartón a mi idolatrado fantasma blanco, a mi novia angélica, a mi divino imposible, cuyo espíritu ha de unirse un día con mi espíritu en la ignota región de la paz inefable, más allá de los mágicos orbes y de las maravillosas constelaciones.

TESORO DE AMOR

I

En el muelle de Amapala el piloto hizo las observaciones del caso.

—El Olimpia es muy pequeño y lleva doble carga de la que normalmente conduce. Advierto a los pasajeros que el trayecto para El Tempisque es siempre difícil y que si la noche se presenta con chubasco corremos grave peligro.

El dueño de la embarcación, en trance de perder su pingüe negocio de aquel día, gritó ásperamente desde la escalera de hierro:

—¡Eh, Pedro! ¿Por qué asustas a los señores? ¿Crees que son gallinas? Si tienes miedo, dilo, para que te sustituya Román.

—No, patrón. No tengo miedo, pero tengo conciencia.

—¡Bah! Ponla en quietud, que escandaliza poco.

—Únicamente una señora, con un niño en brazos, desistió del viaje.

II

No hubo novedad en las primeras horas. Los pasajeros fumaban y bebían, celebrando sus cuentos picantes. Sólo un desconocido, aislado en un extremo, guardaba silencio.

A medianoche el cielo se ennegreció y un viento furioso agitó las aguas con sobrehumana potencia. El vaporcito, zarandeado como un miserable juguete, empezó a crujir siniestramente. Cinco minutos después el motor dejó de funcionar. Como si aquel detalle constituyera un obscuro signo entre las fuerzas ocultas, el trueno dejó oír sus sordos retumbos y una lluvia violenta azotó los espacios. Enloquecidos de miedo, los tripulantes rezaban en alta voz, llorando y gimiendo como mujeres. A la luz de los relámpagos daban lástima y horror sus movimientos vertiginosos y sus caras patibularias.

A las dos la pequeña embarcación, a merced del tremendo oleaje, había estado varias veces a punto de hundirse y tenía en su fondo un metro de agua...

—¡Echen toda la carga al mar! —ordenó el piloto—. De lo contrario, dentro de una hora todos seremos cadáveres.

Esta última palabra hizo culminar el pánico, aumentando los llantos y gritos pavorosos. Pero, con unánime voluntad, con una rápida energía triplicada por el acicate del terror, docenas de brazos se extendieron ávidamente, arrojando al agua cajones, baúles y maletas. El pasajero taciturno, asido de una argolla, permanecía parado sobre una gruesa valija. Varios hombres, al descubrirla, se lanzaron sobre ella, Pero al instante retrocedieron... Revólver en mano, el desconocido gritó con voz terrible:

—¡ Sólo muerto me la arrancarán! ¡Al que la toque lo mato!

III

La tempestad se calmó al amanecer. Tras de perseverantes esfuerzos del maquinista el motor empezó de nuevo su trabajo y en la espléndida tarde llegamos a El Tempisque.

Algunos días después, al atravesar un corredor del Hotel Lupone de Managua, un hombre alto y distinguido me salió al encuentro.

—Perdone, señor... Deseo estrechar su mano y conocer su nombre. Guardo de usted el más grato recuerdo. En la terrible noche del último sábado conservó usted toda su presencia de ánimo entre aquella manada de cobardes. ¡Qué espectáculo tan triste nos ofrecieron!

—Y yo a mi vez le felicito —exclamé, reconociéndole— por su entereza para defender su equipaje. Me imagino que llevaría usted en él una fortuna.

—¡Una fortuna! Sí, en cierto sentido. Verá usted en qué consiste.

Me condujo a su cuarto. Sobre una mesa vi su larga valija. La abrió.

—Créame que no llevaba dentro de ella ni un dólar. Pañuelos, corbatas, papeles románticos... Y esto..., que para mí vale más que todos los tesoros del mundo.

Y me mostró, dentro de una extraña y elegante caja de terciopelo azul, un largo y maravilloso rizo, atado con una ancha cinta color de hoja seca; un rizo de oro pálido, tan vivo, tan íntimo, tan puro, tan tierno, que me hizo sufrir...

—De mi novia... —gimió—. Es lo único suyo que conservo. Me lo dio pocos días antes de morir...

EL TÍO ROBERTO

I

Mientras Julia tocaba en el piano una romanza de Mendelssohn, de ritmos amargos, Roberto, recostado en el balcón, miraba la lenta agonía del crepúsculo de oro y de sangre.

Bajo el cielo —de un gris metálico— todo parecía morir de tedio y de tristeza. Llegaba, de las inciertas lejanías, el áspero canto de las cigarras.

De improviso, en un rápido relámpago, se hundió el sol tras de la cordillera, y la noche empezó a tender sus lutos en los ámbitos callados.

Roberto recogió en sus pupilas la luz de la tarde postrimera del estío, y sintió su espíritu invadido por un dolor melancólico y dulce. Acababa de leer unos versos de Percy Shelley, de ese poeta misterioso y profundo, que de tan terrible modo impresionaba su fantasía; y memorias antiguas y angustiosas surgieron lentamente del fondo de su ser.

Concluida la romanza, Julia tocó una sonata de Beethoven, después una gavota de Rameau...

Él sintió que toda su sensibilidad vibraba extrañamente y que la divina embriaguez de la armonía se apoderó de su alma. Antes que a su tímpano llegaban a su corazón las notas nostálgicas, evocadoras del tiempo remoto. Sus miradas erraban por el espacio y su espíritu se extraviaba en un mundo irreal, poblado de imágenes de hermosura y de símbolos prodigiosos... Y fue en el regreso de aquel viaje de ensueño, bajo la impresión de aquella gavota obsesionante, cuando la realidad se le presentó con toda su horrible amargura...

II

Cinco semanas habían pasado desde su llegada a la hacienda. Allí encontró esa ternura familiar que le recordó su infancia y que fue un grato consuelo para su alma envenenada por el escepticismo y casi muerta de hastío y desesperanza. A los cuarenta años, y después de haber vivido muy de prisa, se encontraba de continuo presa de una de una melancolía tenaz y de un amargo desencanto.

149

Cuando recibió la carta de su hermana, rogándole que fuera a pasar algunos meses a su casa de campo, él mismo le llevó la contestación. Ella era viuda y vivía allí con su pequeña Julia, que acababa de cumplir tres lustros.

Roberto se quedó vivamente sorprendido de la belleza de la joven, a quien no había visto desde que, pequeñita, se dormía en sus brazos. Era una deliciosa criatura, esbelta y blanca, de soñadores ojos y boca fresca y rosada. Poseía una cabellera magnífica y de toda su persona emanaba un encanto irresistible. Amaba con locura la música e interpretaba maravillosamente a los grandes maestros.

Desde el primer día comprendió Roberto que aquella niña podría serle fatal; pero no tuvo el valor necesario para huir de ella. Quizás era su destino, que se le imponía inexorablemente.

III

—Querido tío, bajemos a la huerta. ¡Mira cuántos duraznos maduros se ven desde aquí!

Descendieron muy despacio a la hondonada cubierta de árboles frutales y regada por un riachuelo de aguas rumorosas.

Ella le trataba familiarmente y tenía con él confianzas que le turbaban.

En aquella luminosa mañana todo parecía sonreír y amar. El sol ponía sus cálidos besos sobre la tierra estremecida. Cantaban los pájaros y el arroyo rumoreaba, deslizándose como una plateada serpiente por entre los árboles.

Julia hacía inútiles esfuerzos por alcanzar un durazno sonrosado que pendía de una rama. Daba ligeros saltos, sin que sus manos pudieran coger la codiciada fruta.

Jadeante y con el rostro encendido, gritó:

—Tío, levántame un poco.

Roberto se acercó, todo trémulo, y la tomó en sus brazos. Ella reía como una locuela y su aliento aromado acarició el rostro de su amigo, que la estrechó un segundo sobre su corazón, al sentir, bajo su corpiño, el temblor de sus senos pequeños y duros.

Julia dio un ligero grito y escapó de la ardiente presión...

—Perdóname —dijo él, completamente turbado—. Temí que cayeras, y por eso te retuve...

—No es nada exclamó ella alegremente, mordiendo el durazno que al fin había alcanzado. ¿No quieres probarlo?

Y con sus blancos y menudos dientes arrancó un pedazo, que con la punta de sus dedos puso en los labios que le sonreían.

—Delicioso —murmuró...

Bajo el continuo encanto, Roberto comprendió que sería inútil todo esfuerzo que hiciera para ocultar su impetuosa pasión.

¿Tenía él derecho a despertar aquella alma virginal? ¿Podría iniciarla en el amor?

—Me casaré con ella —pensó.

Pero en seguida desechó esta idea, por considerarla impracticable.

—Para ella no soy más que el tío Roberto, el hermano de su madre —se dijo—. Y aun cuando me amara, el tedio apagaría muy pronto en mi corazón esta última llama de mi juventud.

¿Qué hacer...? Él había fijado los últimos días de octubre como fecha de su partida, y estaban en septiembre. Se iría de una vez, muy lejos; partiría aquella misma noche, sin decírselo a nadie..

IV

Por eso había contemplado con tan angustiosa tristeza la muerte de la tarde postrimera del estío, haciéndole sufrir cruelmente aquella gavota de Rameau.

¿En dónde estaría mañana? ¿A qué árida playa iba a arrojarle el implacable destino? ¿Dónde encontrar la paz para su espíritu...? Él no deseaba sino la calma y el olvido..

V

La última nota había muerto bajo los dedos de Julia. Roberto se estremeció. Y todo quedó en silencio en su corazón. Un ruido leve y un perfume conocido le hicieron volverse. La querida criatura estaba a su lado hablándole con su voz acariciadora:

—Como sé que te gustan las músicas tristes...

Él no la dejó concluir. Con un rápido movimiento la atrajo hacia sí y la besó en la boca apasionadamente... Después, dominando la ardiente fiebre de amor que le invadía, se alejó de ella para siempre, con el corazón desolado.

VI

Pasaron muchos años. Roberto, que vivía en París, regresaba del teatro en una alegre noche de carnaval. Un tedio infinito le consumía. Conociendo todos los placeres refinados de la ciudad maravillosa, todos sus ardientes secretos de amor, todos sus espasmos y locuras sexuales; habiendo caído en la sima de sus vicios, se sentía más cansado y triste que nunca.

Pero su destino se había cumplido. Ninguna fuerza humana podría ya arrancarle de aquel abismo.

Caminaba lentamente, con la sangre incendiada por el ajenjo. Grupos de máscaras extravagantes pasaban a su lado, cantando canciones lujuriosas; y por todas partes el carnaval hacía sonar sus cascabeles.

Parejas de enamorados cruzaban las calles, y él se sentía solo, en medio de aquel entusiasmo de la juventud y de la vida…

¡Cuántas hermosas mujeres había poseído, sin que conservara de ellas un solo recuerdo! Al amor que en algunas despertara, apenas correspondía con la fiebre de su sangre.

De pronto, al pasar frente a un café, una música deliciosa llegó a sus oídos. Se detuvo, temblando; y una divina imagen, de dulces ojos y labios rosados, de frente purísima, surgió, casta y luminosa, como a la voz de un conjuro, de la profunda noche de su alma.

Aquella melodía le causaba un dolor inconsolable... Lentas y suaves, las notas caían en su corazón como lágrimas de amor.

Presa de una amarga nostalgia, de una mortal tristeza; sufriendo una pena infinita; estremecido y angustiado, Roberto escuchó los últimos acordes con el ánimo próximo a la locura...

Era la inolvidable gavota de Rameau con que Julia embriagó su alma en el crepúsculo de un estío lejano.

TRISTEZA DE OTOÑO

Varios amigos íntimos nos reunimos aquella noche en casa de María Suberseaux, que celebraba su cumpleaños.

Antes de las diez, la conversación fue languideciendo por momentos; y entonces María se sentó al piano y tocó —como sólo ella sabe hacerlo— una romanza deliciosa que nos impresionó.

—Nada causa en mi ánimo tan extraña emoción como esa melancolía dulce y lánguida de ciertas músicas, que parece vagar, aun después de muerto el sonido, en lo más recóndito de nuestro ser — dijo una de las jóvenes allí presentes.

Aquellas simples palabras hicieron en nosotros el efecto de una sugestión. Olvidando el carácter de la velada familiar, cada cual habló de la hora de mayor tristeza por la que había pasado su espíritu y de la música que más perdurablemente había logrado impresionarle.

Las mujeres expusieron las más raras teorías, los más complejos casos psicológicos.

Luego les tocó su vez a los hombres. Todos hicimos alguna sencilla confidencia, evocando recuerdos lejanos.

Sólo Armando N*** —hermoso muchacho de ojos verdes y manos ducales, adorado secretamente por María— permaneció en silencio, como abstraído en un ensueño de amargura.

Viendo que todas las miradas se fijaban en él, comprendió que había llegado su turno, y dijo lo siguiente:

—Me paseaba con la bella Isabel Stevenson en una tarde del último octubre, a la orilla del mar.

La había conocido en los primeros días de mi llegada al puerto, y simpatizamos de tal modo, que poco tiempo después nos tratábamos como si fuéramos antiguos amigos.

Ella habitaba un pequeño pabellón construido sobre las rocas, y en la hora de las mareas las olas llegaban a depositar sus espumas en el muro de piedra del corredor, pintado de azul claro y adornado con una colección de acuarelas marinas.

Allí pasé horas inolvidables, al lado de aquella mujer encantadora, alrededor de la cual parecía flotar un velo de poesía y de misterio.

Vestía siempre de negro y era delicioso el contraste del color de su traje con el de su rostro, su cuello y sus manos, de una blancura deslumbradora. Su cabellera, de admirables matices, caía graciosamente sobre sus hombros como una cascada de oro. Era delgada y esbelta y podría tener veintiséis años. Creo que quien la viera una vez no podría olvidar jamás aquella grácil figura de grandes ojos melancólicos, que acariciaban los espíritus con una tenue caricia impalpable. De mí sé decir que su mirada me hacía el efecto de un beso dulce y terrible.

De su vida no sabía sino que era inglesa, que viajaba con su madre —una señora fina y severa, de cabellos blancos— y que partirían en el primer transatlántico que llegara a aquel puerto, que les había gustado, por su clima y, sobre todo, por la serenidad de sus noches, cuya calma sólo turbaba el sonoro clamor de las olas.

Aquella tarde, una inquietud sin nombre, un hondo desconsuelo, se habían apoderado de mí, sintiendo bajo mi brazo el suave calor del brazo de mi amiga, que muy pronto, quizá dentro de algunas horas, dejaría de ver para siempre.

Ella miraba el horizonte, poblado hacia el sur de enormes nubarrones cenicientos; miraba la movible llanura del mar y el fulgor amarillo del ocaso, con una expresión desolada. Y envueltos en una como neblina quimérica, ebrios de emoción, caminábamos como sonámbulos por la ancha playa solitaria, sobre la que parecía descender de los cielos azules una tristeza profunda. Nuestros espíritus, impregnados de la poesía de la tarde, sufrían un dolor agudo, y nuestros labios guardaban un silencio en el que toda palabra, hasta la más leve, hubiera sido inoportuna.

Caminamos así durante algunos minutos, mudos y trémulos, frente al mar infinito. Yo aspiraba el tenue perfume que se exhalaba de los cabellos, del seno, de todo el cuerpo de aquella preciosa criatura. Aroma sutil que me embriagaba, que me enloquecía, sugiriéndome una visión de belleza y de gracia

¿No has amado nunca? —le pregunté de improviso, casi instintivamente, impelido por una extraña fuerza interior, por un ardiente deseo de conocer el misterio que rodeaba su existencia.

Ella me miró un instante, y vi en sus pupilas una luz nueva. Después, con una bella sonrisa en los labios armoniosos, dijo sencillamente:

—Sí. He amado una sola vez. Es una antigua historia de mi primera juventud. Una leyenda de sangre y de lágrimas. Él murió trágicamente, lamentablemente: he aquí todo. Yo he jurado ser fiel a su memoria y llevar durante mi vida, en mi alma y en mi traje, el luto de su amor.

Mientras ella hablaba, sentía yo como si una mano de hierro apretara mi pecho.

Guardamos de nuevo un silencio que entonces me pareció solemne.

Un grito ronco y lejano, que venía de las inmensas soledades marinas, nos hizo estremecer.

—Es el transatlántico —dije yo— mirando en el azul horizonte del ocaso, casi a flor de agua, una pequeña columna de humo. La hermosa joven me miró un segundo, muy pálida. Y continuamos nuestro paseo, inconscientes y taciturnos.

Llegaba a nosotros, de las últimas casas del puerto, el lánguido sollozo de una guitarra, a la que se unía una voz de mujer, que cantaba una balada melancólica, una de esas banales canciones, de un sentimiento tan vivo, que nos hacen sufrir, sufrir sin causa o gozar con un goce doloroso...

Aquella música lejana, en la agonía del crepúsculo, bajo el cielo sereno, en el que brillaban, como jazmines de luz, las primeras estrellas; el monótono rumor de las olas; el vuelo de las aves oceánicas; el cálido soplo de las brisas errantes; todo mezclado, compenetrado, confundido con una íntima desolación, llegaron a producir en mí una tristeza honda, infinita; una tristeza ante la cual eran pequeños el cielo y el mar; una tristeza tan inconsolable, tan profunda, tan extrahumana, que creí morir...

...Morir allí, con la postrera luz de la tarde, con las manos sobre el corazón, con los labios sellados por un silencio terrible, más grande que la Muerte.

LA NOCHE DE DIFUNTOS

I

Después de su negra perfidia, Pedro Hervieu la encontró sola, una noche, en su pequeño salón de recibo. Estaba abstraída en un volumen de versos, reclinada en un sofá de terciopelo violeta. Una lámpara de fino alabastro derramaba dulce claridad sobre las bellas tapicerías. Las páginas armoniosas de la última sonata de Beethoven se miraban en desorden sobre el piano entreabierto; y un reloj de forma singular, exornado de mármol negro y rosa, decía el ritmo de las horas muertas sobre una minúscula mesa de sándalo.

Pedro recordó largo tiempo después hasta los más leves detalles de aquella hora y de aquel salón: los claveles escarlatas y las rosas de oro que brillaban en los jarrones de Sèvres; los cuadros, las cortinas, los muebles raros y los objetos de arte. Un tenue perfume de heliotropo se difundía en la cálida atmósfera.

Vestida con un aéreo traje rosa, suelta la cabellera de matices metálicos, escotado el busto mórbido seductor, Carmen permanecía inmóvil.

La muelle alfombra no le permitió oír los pasos del joven, que se detuvo a contemplarla. Pasaron algunos minutos. Ella dobló la postrera hoja del libro; y al volverse, sus ojos se encontraron con los de Pedro. Se estremeció durante un segundo y luego se repuso. Sonriendo levemente, y el tendió la mano con afectuosa cordialidad.

—¿De dónde sales, amigo mío...? Hace dos semanas que no te veo...

Él la miraba sin contestar, pálido como un difunto. Avanzó lentamente hasta sentarse a un lado de la joven, quien le besó varias veces en la boca y en los ojos...

—Estás frío como si salieses de la tumba —le dijo con su voz dulcísima—. ¿Qué tienes? ¿Te sientes enfermo?

—Ha llegado el triste noviembre —murmuró él— y sus noches son glaciales. Caminé muy despacio por la calle solitaria, admirando el creciente de la luna. Entretanto, un gélido viento helaba mi corazón. Y he pensado en el frío que ahora sentirán los muertos...

Reinó el silencio.

157

—Ustedes los poetas son así —dijo ella al fin—. Siempre soñando extrañas cosas, eternamente abstraídos en ideas vagas y remotas. Van con los ojos fijos en su amada la señora Luna, que los mira impasiblemente desde los altos cielos. Y apenas les queda tiempo para dedicaros a los placeres de la tierra. Viven una vida imprecisa y fantástica, llena de visiones y de símbolos. Su fastuosa fantasía derrama sus iris mágicos sobre todos sus actos; y unas veces favorable y otras hostil, es ella quien les señala el sendero por donde erran los pasos. De aquí que se revista todo a sus ojos de un carácter hiperbólico, que es, sin duda, la causa del tedio y la tristeza que los abruman. Porque es cierto que en las naturalezas de selección las formas de la materia, engrandecidas y sublimadas un momento, son después vistas con hastío y horror.

Él la oía apenas; y mirándola fijamente, pensaba:

—Esta linda mujer ha sido mía una y cien veces. En mis brazos ha llorado de amor y yo he bebido en su boca sus lágrimas. Mi boca ha besado todo su cuerpo y la he poseído hasta el sufrimiento. Y ahora me habla irónicamente de mis quimeras y de mis abstracciones... En verdad, la carne es triste, y monótona. Es preciso, para que el espíritu no agonice, respirar libremente en una atmósfera de sueño y de poesía. Pero digan esto a ciertas mujeres y se reirán de ustedes. Porque, acostumbradas a hacer vibrar continuamente su cuerpo, sólo comprenden la vida del espasmo. Verdaderas locas del placer, gozan hasta que su carne y sus nervios dejan de vibrar. Después, aun cuando existan, caen en la inmovilidad y en la peor de las muertes.

II

Pero como ella seguía hablando, él se puso a escucharla...

—Sin embargo, amigo, yo los adoro a todos ustedes divinos lunáticos. Me refiero a los poetas mayores o a los espíritus iluminados. Los hombres vulgares me fastidian horriblemente y los tontos me desesperan. La vulgaridad es una forma de fealdad moral más repugnante que la deformidad física; y yo poseo una naturaleza refractaria a todo lo que no lleva en su fondo una luz de belleza. Yo comprendo únicamente a los poetas como tú y valga esto en desagravio de mis primeras frases, nobles y altivos, elegantes en el fondo y en la forma. Tú, ciertamente, me has hecho gozar de un modo extraordinario en nuestras lejanas horas de locura y de amor. Y es por eso que nunca podré olvidarte, que te amaré siempre con igual intensidad. Grande y singular en todo, tienes un modo único de poseerme: me haces llorar y reír, gozar y sufrir a un mismo tiempo. Eres encantador...

Pedro meditaba amargamente:

—... La poseo de un modo único... Si no tuviera todas las pruebas de su infame engaño, me bastaría esa frase para convencerme de él. Ha establecido comparaciones entre mi manera de poseerla y el capricho de sus otros amantes. ¡Ah, querida traidora!

Volvió a reinar el silencio, sólo interrumpido por el rumor pausado del reloj.

Carmen jugaba distraídamente con un abanico de plumas. Él la veía, ahora, con una expresión de terror, de dolor y de piedad...

—He amado su rara hermosura y su alma enigmática —pensaba— mucho más de lo que ella se imagina. La he querido única y ciegamente; y la deseo aún con toda mi sangre. Fuera de ella, nada espero de la vida. Sus veinte años iluminaron mi juventud; las miradas de su ojos misteriosos enloquecieron mi espíritu. Pero he aquí que ella me ha traicionado y que la vida ha concluido para los dos.

Las campanas de la catedral empezaron a doblar, de pronto, en el gran silencio nocturno. Los dos amantes se miraron sorprendidos. Y recordaron que era aquella la noche de difuntos.

III

Una fría ráfaga apagó la lámpara. Mientras Carmen volvía a encenderla, el atormentado seguía abismado en sus amargas meditaciones.

—¡Y pensar que otro la ha poseído; que otro ha gozado del divino tesoro de su cuerpo, rindiéndola en un voluptuoso espasmo; que otro, en fin, la ha manchado con su lujuria, para siempre...!

Su pensamiento angustiado le hizo ver el acto ruin y monstruoso, con todos sus groseros detalles. Y sintió en el pecho la impresión de una intensa quemadura.

—Nada martiriza tanto como la imaginación —se dijo—. Bajo su influencia las cosas adquieren formas extravagantes y dolorosas. Pondré fin a mi aleve suplicio abandonando este salón, que tiene esta noche la figura de un ataúd. Ya en mi casa me encontraré salvado...

En verdad, aun entonces, él ignoraba lo que iba a ocurrir... ¿En dónde estaría la noche siguiente? ¿Qué algo terrible iba a sucederle antes de una hora...? ¿O serían sus sentidos perturbados los que le alucinaban de aquel modo? Sin duda... Se veía atravesando la calle, y, ya en su cuarto, acostándose tranquilamente...

IV

—¿Sabrá ella que conozco su traición? ¿O creerá que la juzgo amorosa y pura como antes? ¿En qué piensa? ¿Me ama? ¿Me desprecia?

Esto se preguntaba Pedro, viéndola a su lado, pensativa y sonriente.

El reloj dio las once. En la fúnebre calma de la noche, las campanas, a lo lejos, seguían doblando...

Cerca de ellos el silencio era ahora terrible, lleno de dolor y de cosas profundas. El tiempo parecía haberse paralizado; tan lenta y angustiosamente transcurrían los minutos y los segundos.

El joven se sentía vibrar de la cabeza a los pies; y oía, como si fuera un ruido mortuorio, el insólito latir de su ensangrentado corazón.

Pensó por la vez última, ya con las ideas en delirio:

—Estás junto a mí, cálida y perfumada, llena de alegría y de vigor; y mañana dormirás en el sepulcro. ¡Te sientes ahora plena de salud, y dentro de una hora yacerás palidísima sobre un túmulo, vestida de negro...!

De improviso ella dejó de sonreír y se puso a temblar. Algo sobrehumano había visto en los ojos del amante. Este sonrió entonces extrañamente, fúnebremente.

El silencio pesaba como una montaña sobre sus corazones.

Con una voz sorda y lejana, que ya no era de este mundo, Carmen dijo aún algunas palabras, con los ojos adoloridos.

—¡Qué triste es la noche de difuntos, querido Pedro! Como tú dices, los muertos deben tener mucho frío, en el cementerio... Yo también siento ese frío... Pero tú me amas y tu alma ha de darme el calor que necesito. ¿No es verdad...?

El joven se llevó la mano al pecho, y con un movimiento rápido, por toda respuesta, le clavó su puñal en el corazón.

IDILIO ROTO

Reverberaba el sol sobre los pajonales en aquel mediodía canicular.

Por la antigua vereda de la montaña llegó Pablo y a medio kilómetro de la choza se tendió bajo un pino sobre la menuda yerba. Vestía traje dominguero: pantalón blanco, chaqueta negra y sombrero de junco. Y su ancho rostro de aldeano robusto reflejaba inteligencia y honradez.

Esperaba a Carlota, su novia, moza morena y fresca, deseable como una fruta montañera. Iba él a dejarla al rancho de una amiga enferma.

II

Al verse, abrazáronse. Y alegremente se pusieron en marcha. Dejaron el camino real, introduciéndose por un sendero guijarroso. Ascendieron una loma cubierta de guayabillas y arrayanes, saboreando sus fuertes ácidos. Desde la sombra del carao en que se resguardaron un momento vieron a lo lejos el pueblo de Río Tinto con sus casitas blancas doradas por el sol.

Un viento caliente sacudía los espinos prietos, balanceando las oblongas bellotas pardas de los guapinoles; y grupos de palomas barranqueras cantaban en las hondonadas.

Continuaron su viaje, hablando en voz alta, según la costumbre serrana; él adelante, con el sombrero sobre los ojos; ella después, con la falda recogida y el pañolón azul en la cabeza. En el paso de la quebrada, como las piedras eran muy lisas, tuvo él que tomarla en brazos. Retardó lo más que pudo el instante de salir del agua, pues era feliz sintiendo sobre el suyo el rostro encendido de la muchacha y el cálido olor que como de un cáliz abierto exhlábase de su cuerpo sano y limpio. A Pablo asaltóle un brusco deseo. Pero logró dominarse. Púsola en tierra, conformándose con morder dulcemente su boca. En el próximo noviembre era la boda y sería una lástima adelantar las cosas...

163

III

Caminaron luego uno al lado del otro, fatigados y sudorosos. El calor aumentaba y les ardían las plantas de los pies.

De improviso, en un recodo, un hombre saltó frente a ellos, armado de ancho machete. Era Juan Pedro, eterno perseguidor de Carlota, y aborrecido por los novios. Juan Pedro, el hijo de ña Blasa, que estuvo arrastrando cadena en el presidio de Juticalpa, por haber asesinado a un correo en la ruta de Wasprassní.

Antes de que Pablo deshojara su gruesa navaja, el otro, entre un vómito de negros insultos, le atacó ferozmente.

Carlota metióse en el monte, loca de espanto. Pero cuando, tras de una breve lucha, vió caer a Pablo, acudió con rapidez en su socorro, cegada por un violento frenesí sanguinario. Saltó al cuello del asesino y le mordió con rabia. Pero éste, dejando a su enemigo sobre el suelo teñido de rojo, derribó a la joven con salvaje ímpetu, y se dispuso a violarla.

Y entonces Pablo, hendido el pecho de dos mortales estocadas, tuvo que presenciar, inmóvil por agonía, aquella grosera lucha.

IV

Imposibilitado para acudir en su auxilio, vió cómo el bandido golpeaba contra el suelo la cabeza de su novia, que se defendía heroicamente, fieramente, de las brutales caricias, y que luego se desmayaba aturdida el dolor.

Vió a la infeliz, con el vestido destrozado, casi desnuda entre los brazos de su rival... y próximo a la locura revolvió ávidamente los ojos por ambos lados del camino. ¡Nadie! ¡Nadie! Las palomas seguían cantando en los camalotales y el sol hacía chispear la senda polvorienta.

Y en ese minuto de suprema angustia sintió el moribundo que un potente vigor hacía vibrar todos sus músculos. Levantóse del charco de sangre, y arrojando el alma por las anchas heridas, se arrastró hasta el lugar siniestro.

Y cuando Juan Pedro, ciego de bestial lujuria, arrancaba a mordiscos la camisa de Carlota, y sus manos velludas oprimían las redondas piernas de la joven, Pablo cayó sobre él, y con el último y terrible esfuerzo de sus brazos unánimes, le partió el cráneo con una aguda piedra, rodando en seguida boca abajo para no levantarse más.

¡Y la virgen serrana permaneció allí durante muchas horas, hasta el anochecer —en que fué socorrida por unos huleros— ensangrentada y pálida entre los dos cadáveres !

SOLEDAD

Soledad, la muchacha de la hacienda —que cumpliera el último octubre catorce años— tenía los ojos muy negros y la boca muy roja. Una frescura selvática exhalábase de todo su cuerpo. Descalza, con el amplio escote de las campesinas y los cabellos al aire, corría conmigo a todas horas por los boscajes y por las colinas húmedas en que cantaban las palomas barranqueras.

En el umbral mágico de la adolescencia, miraba yo la vida por su lado ilusorio. Iba, ebrio de salud y de emoción, con los ojos deslumbrados por los fantásticos crepúsculos, tras los vuelos de las nubes y las músicas de los pájaros. Mi sangre empezaba a correr con un calor extraño, y mi corazón paraba de súbito su latir ante el idilio de dos tórtolas entre las arboledas obscuras.

Durante los dos meses de aquellas inolvidables vacaciones habíame quitado los zapatos, y con la camisa abierta y una gorra de seda sobre la cabeza, dejaba que penetraran en mi cuerpo de los campos.

III

Olancho es la pródiga comarca del amor y del ensueño. Su maravillosa naturaleza es de una hermosura multiforme, y abre a la imaginación vastos horizontes de encanto, en donde el alma se agita, luminosa y misteriosa.

Terminaba el invierno y en el monte florecían las campánulas. El cielo era de una limpidez de cristal azulado vainillas. y el aire ligero con olores de mieles de y de vainillas.

—Vámonos a comer guayabas —me dijo un día Soledad.

Y partimos en fugaz carrera por los gramales, como dos jóvenes venados en celo, bajo la cálida mañana esplendorosa.

Pronto llegamos a los linderos del bosque, y ella avanzó por una angosta senda cubierta de musgos floridos.

Los corpulentos árboles formaban una tenue penumbra, por la cual caminamos en silencio. Cantaban los zorzales en las copas de los guapinoles y las gallinas de monte ocultábanse a nuestro paso en las crujientes hojarascas.

Un fuerte aroma, como de ciruelas o de zuncuyas maduras, nos acarició un momento.

Erramos, más de una hora, por el sendero musgoso, en una vaga lumbre que, poco a poco, iba colmando mi espíritu de febriles anhelos y de cosas intensas apenas soñadas.

Soledad caminaba siempre adelante, con el rostro encendido y la boca como un clavel. Volvíase con frecuencia hacia mí.

—¿Estás cansado? —me preguntó.

Después repuso:

—Cuando era pequeña vine sola dos veces por estos lugares. Verás qué hermosas frutas...

Y mis ojos devoraban ansiosamente sus labios gruesos y húmedos y su ondulante pecho casi desnudo. Una inquietud indefinible empezaba a dominarme. Sentía en los poros miles de picaduras y una ola cálida ascendiendo por mi espalda, mientras mi corazón saltaba como si fuera a romperse.

Llegamos a un sitio delicioso, en un claro del bosque, en donde algunos guayabos inclinaban sus anchos ramajes cubiertos de frutas de cortezas amarillas y verdes. En el suelo un menudo césped plateado rozaba suavemente nuestros pies.

—¿Verdad que es un lugar muy bonito?

Y con graciosa agilidad empezó a subir por el más alto de los árboles, instándome para que la siguiera. Fuí tras ella por las gruesas ramazones y su falda me azotaba la cara. Tres veces sentí el calor de sus piernas sobre mi boca y otras tantas suspiré con el alma en un hilo.

—¿Por qué suspiras? —murmuró, mordiendo con sus blancos dientes una hermosa fruta rosada—. ¿Quieres un pedazo ?

Y bajándose un poco puso un trozo de guayaba en mis labios... Lo encontré dulcísimo, y le pedí más...

Ella, de pronto, dió un grito.

—Tengo una astilla en un ojo —exclamó.

Subí entonces rápidamente sobre la rama en que se paraba, y empecé a buscar el pedacito de madera. Lo tenía encima del lagrimal. Estiraba ella el párpado inferior, y yo, con la mano izquierda, la retuve inmóvil. Su aliento me acariciaba como un céfiro. Introduje la punta de la lengua en el ojo humedecido y extraje la pequeña astilla. Me abrazó en un rapto de agradecimiento. Ya en el suelo, empezamos a recoger las guayabas que desprendimos. Era cerca de mediodía porque el sol picaba con fuerza. En un instante en que ella se inclinó aún más, para buscar entre la grama una de las frutas, sus dos senos morenos y redondos, descubiertos de improviso ante mis ojos, me produjeron un delicioso vértigo.

Sin poderme dominar la abracé ardientemente y hundí la cara en su leve corpiño.

—Te quiero mucho, mucho, Soledad —murmuré.

Ella se asustó un poco de mi arrebato. Pero no retiró mi cabeza de su pecho. Más bien me oprimió contra su corazón, y cuando alcé el rostro, quedóme viendo un momento y sus sombrías pupilas resplandecieron.

Después, con los ojos entrecerrados, juntó su boca a la mía, y luego lloró.

—Yo también te quiero mucho...

Y me atrajo de nuevo a sus brazos.

Entonces nos deslizamos suavemente sobre el musgo... y fué mía en el perfumado silencio de los campos, bajo los verdes ramajes estriados de claridades.

III

¡Primera flor de voluptuosidad! ¡Hermosa adolescente campesina para quien fué mi inicial estremecimiento de profundo placer...! ¡Virgen balsámica de mi primer amor! Su recuerdo, como un perfume inmortal, vive en un paisaje recóndito de mi alma, en un claro del bosque alfombrado de musgos tornasoles, sobre los que caen verdes ramajes cubiertos de guayabas rosadas. ¡Rincón inolvidable en que conocí el hondo misterio de la vida, y que mi fantasía, a través de los años, ha rodeado de una gracia quimérica!

IV

Dos semanas después, en una triste tarde, decía yo adiós a Soledad, tras la colina del final del valle. Allí besé, por la última vez, sus dulces labios rojos, y sentí de nuevo el hálito de su cuerpo, oloroso a retamas y a flores de las praderas. Le ofrecí volver el año próximo, y me dió un bucle de su cabellera castaña, mientras sollozaba en mis brazos inconsolablemente.

V

¿En qué rincón de los fértiles llanos de El Suyate vegeta aún mi primer amor? ¿O reposa, quizá, en el cercano cementerio de Catacamas?

¡Viva o muerta, la veo en mi pasado con los ojos del alma, esbelta y voluptuosa, con sus negras pupilas profundas y su boca bermeja, en el fragante esplendor de sus catorce años! ¡Siento aún sus cálidos besos y en mi rostro la humedad de sus lágrimas! ¡Y he suspirado su nombre melancólico, con la amarga nostalgia de las cosas lejanas y dulces extinguidas para siempre !

NOCHES DE CINEMATÓGRAFO

I

Se desenvolvían los espectáculos radiantes.

—Es una ilusión para niños —pensaba—. Pero interesante y maravillosa.

Al extinguirse la cinta irradiaron las luces eléctricas.

Mi vecina, una jovencita de rosa y nieve, me sonríe. Y yo admiro su boca bermeja y sus dientes blanquísimos.

—¡Qué bello! ¿Verdad? —exclamó.

—Sí, muy bello —dije—. Parecen cosas de Las Mil y una noches. Cosas fugaces que se olvidan luego, efímeras e ilusorias. La vida y el amor son así. Entre la sombra y la luz todo es vago y perecedero.

—Sí, todo es así —murmuró la jovencita.

II

La marimba, en el silencio de la espera, sonó de pronto lúgubremente, ejecutando una marcha sepulcral, un aire extraño de pesadilla; y, como de un abismo del pretérito, apareció sobre el telón, en su esplendor satánico, el brillante bandido César Borgia.

Fuerte y ágil como el leopardo, sensual y perverso, bello y terrible en su profundo gozar de la mujer, del vino, de la gloria y de la sangre: así surgió en la película mágica, fulgente página histórica que hizo vibrar las almas del público estupefacto.

171

EL ÁRABE PÁLIDO

El árabe pálido de ojos de eternidad extrajo de una mesa de sándalo un pergamino amarillento, y me dijo con voz grave:

—En recuerdo de la hora en que tú y yo nos encontramos en el rodar de los tiempos, podría darte algún objeto mágico, un amuleto simbólico, un perfume milenario. Pero veo que tu alma revuela serenamente sobre las cosas inmortales y espera de mi sabiduría un supremo milagro. Ofreceré a tu espíritu, amargado por el tedio, y conocedor sutil de los secretos del arte, del dolor y del amor, la arcana Leyenda del Olvido, que Omar Khayyam de Naishapur escribió con su sangre, en una noche de trágico horror, hace ochocientos años. Fuera de su discípulo Khvajeh Nizaim de Samarcanda, sólo yo conozco, por un azar extraño, este poema estupendo de sobrehumana armonía y de dolor inconcebible, ante el cual palidecen las profundas estrofas de los Rubayatta. Pero oye, ¡oh, amigo de la remota América, que has venido a visitarme en este momento crepuscular en que la imperial Toledo resplandece con las melancólicas luces de su pasado magnífico! Después de que conozcas esta página única sentirás una tristeza desconocida que ni la muerte logrará extinguir.

Y me leyó, marcando intensamente las sílabas melódicas, su traducción del asombroso canto en que solloza la angustia en la lejanía de los siglos.

¡Oh árabe pálido, descifrador de números divinos! Desde aquella tarde imponderable del final de septiembre, todas las ideas y nuevas formas de expresión de grandes maestros del Estilo me parecen inarmónicas y vanas. Fantasmas de pensamientos, sombras de palabras.

LA RISA DE LA MUERTE

I

Yo me encontré aquella tarde con el hombre que nunca había sonreído.

Lo examiné un momento a la luz del amarillo crepúsculo. Era la suya, en verdad, una figura singular. Alto y seco, de profusa melena y largas manos nerviosas. Su rostro imberbe, áspero, de duras facciones, dejaba, en quien lo veía una vez, un recuerdo imborra. En aquel semblante todo era acerbo, desde la frente estrecha y deprimida hasta el mentón agudo e irregular. Bajo el arco gris de las cejas brillaban sus ojos de acero; ojos irónicos, de mirada equívoca, que parecían burlarse de todo. Sobre la boca, formada de dos finas láminas de carne, la nariz, de forma judaica, daba a aquella fisonomía pétrea una expresión cómica y lamentable.

II

Después, ya en su cuarto, el hombre extraño asombró mi espíritu.

La habitación tenía una siniestra lobreguez. Simple y desnuda como la celda de un monje, mostraba en un ángulo una estrecha cama de hierro, y en el centro una mesa llena de objetos extravagantes, coronados una calavera.

III

Por la angosta puerta penetraban las últimas lumbres de la tarde. El hombre encendió una vieja lámpara.

—Después de todo —exclamó con su voz metálica—, no encuentro motivo para tu asombro. ¿Qué de extraño tiene que yo no ría nunca...? Por el contrario, veo eso muy natural. Cuarenta años he vivido, y te aseguro que nada encontré en el mundo digno de una sonrisa. De niño causaba espanto a mi madre la eterna inmovilidad de mi semblante. Y ya hombre, nadie puede verme sin sentirse poco menos que horrorizado. Lo que me da sobre todos mis semejantes una superioridad de la cual estoy satisfecho. En estos míseros tiempos de decadencia la risa se ha vuelto una enfermedad contagiosa. La risa antigua tenía en su abono que era más pura y discreta. ¿No te parece?

De todos modos, yo no la disculpo. Para mí todas las risas son iguales. Los que ríen mucho son unos imbéciles. La risa no es reveladora de salud moral, ni de benevolencia del corazón, ni siquiera de maldad instintiva. Es simplemente un ruido morboso, o, si quieres, la demostración precisa de todo lo superfluo, miserable y banal que no se revuelve en el organismo humano. No hay risas buenas o malas, finas o vulgares: todas revelan igual grado de estupidez. Te juro que nada me exaspera tanto como oír una carcajada. El hombre que ríe a carcajadas —créelo— es un ser inferior. Yo no he conocido el amor, ni tuve un amigo, a causa de esto. Jamás encontré una mujer que supiera guardar silencio. Ni un hombre en el que en seguida no haya descubierto un necio. La frase es amarga; pero no por eso deja de ser cierta. ¿Quieres conocer el único episodio de mi vida que reviste algún interés? Pero júrame, previamente, que sabrás guardar el secreto. ¿Lo juras? ¡Bueno! Pues oye:

IV

Hace ya mucho tiempo que sucedió lo que te voy a contar. Tenía yo veinte años. Cierta noche conocí a un joven que me impresionó favorablemente. Esto en mí es una cosa estupenda, pues por lo general todos los hombres me son antipáticos y me inspiran profundo desprecio. Yo le causé igual impresión, según me lo confesó después, y nos hicimos íntimos amigos. El motivo primordial y quizá único de nuestro afecto fue, sin duda, la semejanza de nuestros caracteres. Él era grave y taciturno; apenas sabía sonreír. Se llamaba Hipólito. Odiaba, como yo, las ruidosas manifestaciones exteriores, aunque gozara intensamente con todo aquello que afectaba su espíritu de una manera agradable. Era un buen muchacho, que amaba la meditación y el análisis, y que, exento de toda vulgaridad, gustaba de ver la vida por su lado serio. Se consideraba feliz porque podía satisfacer a su antojo la única pasión que le dominaba: la de viajar. Cada dos o tres años visitaba remotos países, de cuyos recuerdos estaba llena su memoria. Gozaba oyéndole hablar de las regiones hiperbóreas, en donde el oso blanco tiene sus cavernas: o de las tierras calcinadas por el sol africano; o de las noches serenas a las márgenes del Nilo; y, más que todo, de la lejana Oceanía, con su cielo de zafiro y sus islas pobladas de perfumes salvajes.

Un año duraba nuestra amistad, sin que en ese tiempo el más leve desagrado hubiera ocurrido entre los dos. Un cariño sincero y un respeto mutuos llegaron a unirnos con tal fuerza, que nos considerábamos ligados para toda la vida. Jamás una broma se cruzó entre nosotros.

Pero he aquí que de improviso el carácter de Hipólito varió de un modo radical. Olvidando por completo las confidencias que le hiciera acerca de mi idiosincrasia y de la rareza de mis gustos, empezó a contrariarme abiertamente. Cambió en poco tiempo sus modales para conmigo. Su voz se hizo irónica y su gesto burlesco. Buscaba frases agudas para ridiculizarme. Reía continuamente a carcajadas. Era su risa hiriente y venenosa la que me ponía fuera de mí.

Cuando le interrogué acerca del cambio de su conducta, llegó a lanzarme en pleno rostro una injuria cáustica, que guardé en el fondo del alma. Desde entonces procuré evitar su compañía. Pero me fue imposible lograrlo, porque él dio en perseguirme diariamente, a todas horas, para hacerme objeto de sus crueles sátiras. Apenas me veía, soltaba una carcajada, y yéndose hacia mí.

—¿Por qué tan serio? —me decía. ¿Vas a algún entierro? ¿Ha muerto tu padre ?

Y reía como un loco, mientras yo le miraba fríamente, sin que se alterara un solo músculo de mi rostro; pero devorado por una terrible cólera interior.

Un odio lacerante y mortal empezó a germinar en mi corazón. El sueño huyó de mis ojos y pasaba los largos insomnios fraguando un sombrío plan de venganza. Hipólito tendría que expiar de una manera tremenda sus burlas acres y sus continuos insultos. La noche anterior había llegado a comunicarme su próximo viaje.

—No te entristezcas por mi ausencia —me dijo con su acento agresivo—. Pronto he de volver para que continuemos nuestra comedia: tú, huyendo de mí; yo, persiguiéndote. Si he de serte franco, te diré que lo que más falta va a hacerme es no ver las expresiones de tus cóleras mudas cuando te dirijo la palabra. La bilis te ahoga. La ira hace que tu cara de muerto cambie de color siempre que yo río.

Quisieras devorarme... con los ojos. Y esto me hace gozar inmensamente. Eres un redomado mentecato. Pero debes saber que, a pesar de la lástima que me inspiras, he de hacerte sufrir hasta que revientes.

Ten cuidado —exclamé, dominándome—. No expongas a tantas pruebas mi paciencia, porque si llego a perderla puedo obligarte a hacer un viaje más largo que el que tienes en proyecto... Te aconsejo que dejes de venir a fastidiarme, si aprecias en algo la vida.

—¡Bah!— murmuró él—. Te conozco y desprecio tus amenazas. Eres un cobarde, incapaz de vengar una injuria.

Y salió de mi cuarto lanzando una carcajada, que acabó de despertar la fiera salvaje que dormía en mi naturaleza.

Aquella misma noche, provisto de los instrumentos necesarios, comencé a abrir una fosa en un ángulo de esta habitación. Para trabajar sin temor de ser oído aprovechaba las altas horas, cuando todo duerme a nuestro alrededor. En cuatro grandes esfuerzos logré terminar una sepultura de dos metros de profundidad por uno medio de largo, cuya tierra fui colocando en grandes sacos en la pieza contigua, que ves a la derecha. Concluido mi trabajo, cubrí la abertura con dos grandes tablones y coloqué sobre ellos algunos objetos de mi uso diario.

Después compré un rollo de cuerdas y una botella de ajenjo. En una botica, de cuyo dependiente era viejo conocido, obtuve cierto polvillo que coloqué con sumo cuidado en uno de los vasos que brillaban sobre mi mesa. Hechos estos preparativos, esperé.

Ya empezaba a creer que Hipólito había partido sin despedirse de mí. Hacía una semana que no se presentaba en mi cuarto. Pero una noche, como a las once, mientras yo leía un volumen de Tomás de Quincey, oí que llamaban a la puerta. Mi corazón empezó a saltar. Abrí. Era él.

Desde el primer instante llamó mi atención su aire grave, su severo aspecto de otro tiempo. Empezó a hablar con voz profunda y triste.

—Te debo una explicación, y hoy, en la víspera de un largo viaje, vengo a dártela. Te ha extrañado mucho el cambio de mi conducta, o, más bien, de mi carácter, desde hace algún tiempo. Y, sin embargo, la razón es tan sencilla que no sé cómo ha pasado inadvertida para ti. Tú sabes el horror que siempre me ha inspirado la embriaguez. Pues bien, sin apenas darme cuenta de ello, dejándome llevar por un camino peligroso, me he embriagado casi diariamente. Sólo que he cuidado mucho de no perder por completo la razón, y de que, fuera de mis palabras, nadie notara en mí, de ese horrible vicio, la más ligera señal. He aquí, pues, la causa única de mis antiguas groserías para contigo. Perdóname. Y cree que en el fondo de mi ser te considero como el mejor de mis amigos.

Yo le miraba de hito en hito. La fría expresión de mis pupilas le asustó. Para calmarlo, le abracé.

—No dudaba de que algo anormal te ocurría para que así procedieras conmigo —exclamé al fin—. Pero confiaba en la nobleza de tu espíritu y en el recuerdo de nuestra amistad para esperar que los desagradables incidentes que entre los dos han pasado tendrían una satisfactoria explicación. Por mi parte —añadí— los olvido. Reanudemos, desde ahora, el afecto fraternal que nos unió al poco tiempo de conocernos.

Y para celebrar nuestra reconciliación, traje la botella de ajenjo y las copas. Yo mismo arreglé la suya, poniendo en ella el agua necesaria. Después de apurarla, él hizo un gesto de repulsión.

—Este absintio tiene un sabor acre —murmuró.

Y se quedó mirándome profundamente.

Yo no hice caso de sus palabras, y mirándole a mi vez, apuré mi copa en silencio.

Media hora más tarde mi amigo dormía con la frente apoyada sobre la mesa.

Entonces, levantándolo con cuidado, lo tendí sobre la cama. En seguida ligué fuertemente sus brazos por detrás, envolviendo, por último, todo el cuerpo con las cuerdas, de tal modo, que le fuera imposible hacer el más leve movimiento.

Luego separé los tablones que cubrían la fosa y reanudé mi lectura.

Transcurrieron dos horas. Hipólito abrió los ojos, y, al verme, se puso a reír con una risa estridente y hueca que exasperó mis nervios.

—¿Qué me pasa? —gritó—. No puedo moverme. Estoy embriagado. Y cuando me hallo así, quisiera reír siempre... Ya reiré a mi gusto en el largo viaje que voy a emprender...

—Sí —repetí yo—. Ya reirás a tu gusto en el largo viaje que vas a emprender.

Pero no quise seguir oyéndole, porque su voz me hacía daño.

Amordacé su boca con un pañuelo; y sin fijarme en sus ojos que bailaban horriblemente dentro de sus órbitas —al comprender, por instinto, de lo que se trataba— lo tomé en los brazos y lo puse a un lado de la fosa.

Y ya listo para la tarea final, lo miré cara a cara durante un segundo, que me pareció un siglo. Una trágica mueca de supremo terror había contraído sus facciones, y sus ojos me miraban con una expresión sobrehumana de humildad y de súplica. Mi corazón permaneció tranquilo. Con un ligero impulso hice rodar el cuerpo en la negra oquedad. Al caer produjo un ruido sordo que se extinguió al momento.

—¡Buen viaje! —grité, inclinándome sobre la fosa—. Y vacié en su fondo el primer saco de tierra. Escuché un débil gemido. Nada más.

Al amanecer terminé el lúgubre trabajo. De él no quedaba ni un pequeño vestigio; y para evitar la más remota sospecha coloqué la cama en el ángulo fúnebre. Allí se encuentra desde hace veinte años.

Ahora oye el final.

Pasado el décimo aniversario de aquella noche, me puse de nuevo a la obra. Volví a abrir la sepultura de mi amigo y extraje su calavera. La limpié cuidadosamente y luego adapté a sus mandíbulas un ingenioso resorte de mi exclusiva invención.

En las negras horas en que el tedio me acosa, me divierto, a mi manera, oyendo reír a mi pobre Hipólito. Antes me incomodaba su risa; ahora me distrae. Ya verás.

Y, tomando entre ambas manos la calavera que coronaba la mesa, la movió de tal modo, que la hizo producir un ruido seco y agudo, una especie de gemido continuado, que de pronto se hizo áspero y doloroso hasta la angustia, para luego atenuarse y crecer de nuevo en intensidad. Era un insólito rumor macabro, que no tenía de humano; un crujido monótono que hacía vibrar los nervios; algo inexorable y terrible, simple y estupendo, que llenaba de espanto el espíritu y el cuerpo de escalofríos.

Cansado de mover su horrible instrumento, el hombre extraño guardó silencio.

Yo le miré con asombro. Pero no tembló bajo su máscara impasible.

—Es la risa de la Muerte —dijo sencillamente.

ÚLTIMO DÍA

La víspera del trágico día en que mi pobre hermano René traspasó el umbral de ultratumba, le sorprendí mirando intensamente el fondo de una cartera sellada con un elegante monograma de oro.

La guardó con lentitud al acercarme, y con aquella sonrisa espiritual que le abría los corazones, me dijo, abarcando con un amplio ademán las cosas circundantes:

—Este año la primavera se presenta a mis ojos con un esplendor desconocido. El cielo es de un zafir metálico; en el ambiente hay una íntima dulzura y es como una tenue caricia la fragancia de las rosas. Ni aun en la Costa Azul, en la florida estación, frente al armonioso Mediterráneo, he visto nunca días tan suaves, noches tan serenas y tan blancas.

Estábamos en el antiguo jardín, bajo los árboles

Después de dos lustros de viajes, el joven optimista de los grandes sueños, rico y audaz, regresaba convertido en un hombre taciturno. En vano intenté penetrar en el misterio de tan extraño cambio.

—Nada, nada, Alberto... La vida, que todo lo transforma.

Pero, en aquella mañana, una juvenil alegría iluminó su rostro grave. Evocando recuerdos recorrimos algunas calles de la vieja ciudad. En un establecimiento de curiosidades submarinas y flores exóticas, atrajo su atención un largo lirio color de amatista, grácil entre las gruesas hojas de verde terciopelo. Pagó por él un alto precio y cortándolo por su base lo introdujo en su ojal. Y luego, en un parque, entre un grupo de lindas muchachas, recobró su raro poder de fascinar con la palabra, deslumbrándolas con relatos de fantásticas aventuras.

Hoy —segundo aniversario de aquel suicidio que obscureció mi alma—, en el mismo ángulo del jardín en que René exaltara la gloria de la primavera, me atrevo a abrir la pequeña caja de sándalo que me legó y que contiene el secreto de su muerte.

La misteriosa cartera está ahí... Sólo contiene un retrato: el de una joven seductora con un gran lirio morado en el corpiño blanco: tipo único de Salomé, o de princesa de drama veneciano, surgiendo de una terraza de mármol sobre el mar, con los desnudos brazos tendidos angustiosamente hacia un vapor que se aleja en el horizonte...

LOS DOS PRISIONEROS

I. La dos prisioneros —después de varios meses de vida en la misma celda— se quieren como dos hermanos. Ambos son jóvenes y por opuestos caminos llegaron al negro infortunio. El mayor —condenado a cadena perpetua por un horrendo delito— vio llegar al otro en una fría tarde y esto fue como una luz en su soledad.

II. El antiguo reo sabe que en ciertas épocas la mejor palabra ofende y que para los grandes pesares del espíritu nada es tan noble como la piedad del silencio. Por eso ve a su compañero, mudo y sombrío, de bruces en la cama de piedra. Lo ve desesperarse sin dirigirle una frase. A veces lo despiertan sus sollozos, roncos y tristes como estertores de agonizante; pero no le dirige una frase. Por eso el atormentado empezó a amarle.

III. Así viven uno junto a otro, durante monótonas semanas, durante meses interminables, sin proferir una sílaba. Se prestan mutuamente pequeños servicios, y sus ojos se miran con lástima.

IV. El más joven fue condenado a muerte. Quitó la vida a su novia en un rapto de celos, y la severa ley inmutable no tomó en cuenta ni su loco amor ni su juventud. Cuando el juez leyó en la celda la sentencia, él permaneció impasible. Pero su amigo lloró largamente.

V. Pasan los días amargos y negros. Los dos hombres sufren en la sombra. La última noche, mientras el moribundo duerme como un niño, su compañero vela a su lado, presa de una pena terrible. Sólo interrumpe la calma nocturna el ruido de la cadena que mueve un sollozo y el paso del centinela en el corredor obscuro.

VI. Al amanecer vienen por el reo. En tanto que éste se viste, el otro lo ve por postrera vez. Es hermoso y pálido, y casi un adolescente.

—¡Adiós —le dice, abrazándole, el que iba a morir. Fue su única palabra.

VII. Sobre el corazón del vivo resuena la descarga del muerto. Y, desde entonces, al ver la cama vacía, le ahoga un dolor angustioso. Así mira correr los años, inmóvil en su sitio de tormento. En la noche oye siempre la trágica palabra. ¡Adiós! Le obsesiona, le persigue tenazmente, llena sus horas. De su ser surge como un suspiro fúnebre, o viene de lejos, de algún horizonte de la Eternidad, triste, vaga y quimérica.

LA POBRE COJITA

—Le quitó el novio a la pobre cojita.

Estas palabras —oídas en un sereno atardecer de noviembre en una fiesta rústica— me dejaron pensativo.

Las pronunció, lentamente, una chicuela pálida, refiriéndose a una elegante joven morena, que, con una enorme rosa de fuego sobre la linda cabeza, sonreía a un hombre rubio echado a sus pies sobre las yerbas grises.

¡La pobre cojita! ¿Quién era la pobre cojita? ¿Sería como un delgado lirio de plata, como un mirlo blanco, a quien la caída imprevista de una fruta madura en el otoño hubiera roto la piernecilla frágil ? Me acerqué a la adolescente de la piel de alabastro.

—¿Podré saber, Valeria, a qué cojita se refiere ? Soy extraño en el país y su frase me obsesiona.

—¿Hará usted unos versos muy tristes de ese amargo episodio?

—Sí. Haré unos versos muy tristes.

—Bien. Esa cálida beldad que enloquece a los hombres, esa fascinadora María Rosalba, tenía una hermana menor que iba a casarse.

—¿La cojita ?

—Sí. Pequeñuela se cayó de un árbol y se rompió un pie. Se balanceaba ligeramente al andar. Pero era primorosa con su rostro angélico y su cuerpecillo ligero. Iba a casarse con Renato Vareusse. En esos días llegó Rosalba, de Italia, y con cuatro sonrisas le quitó el novio.

—¿Renato es el joven echado el césped ?

—El mismo.

—¿Y la pobre cojita ?

—Murió.

Las hojas caían, tristemente, de los altos árboles. El lago azulado gemía a lo lejos. Con los ojos húmedos, la chicuela pálida guardó silencio.

—Era mi mejor amiga... —terminó.

Dije, tras una breve pausa:

—¿Leyó usted, Valeria, Manzana de Anís, de Francis Jammes?

—¿Manzana de Anís?

—Sí. Una linda fábula... Un poema doloroso.

—No. No he leído Manzana de Anís.

VIEJO DOLOR

Heriberto Landry se detuvo algunos minutos frente a un amplio balcón de hierro, exornado de extrañas figuras. Melenas de cabezas bárbaras y colas gráciles de pavo real se enlazaban de manera extravagante, en el viejo metal oxidado. En el extremo, casi tocando el techo, entre un hacinamiento de macabros dibujos, un enorme rosetón de acero coronaba la obra férrea.

Raúl Gener esperaba impaciente en la acera opuesta.

—¿Qué te pasa? —exclamó al fin—. No parece sino que te encuentras en éxtasis ante una insólita maravilla...

—Esta ventana —murmuró Heriberto, con voz ronca—, evoca en mí un recuerdo sangriento y lúgubre... Durante veinte años la he llevado impresa en la memoria, tal como ahora la vemos: solitaria y negra, con su raro varillaje difuso...

En silencio continuaron su paseo a lo largo de las estrechas calles del villorrio. A pocos metros de la última casa se sentaron en la cima de un alto escarpe, a la orilla del río.

Caía el crepúsculo dorando las sierras de matices de amaranto. El cielo, de un azul casi negro, tomaba hacia el orto luminosas refulgencias de oro y de amatista. Algunas nubes gráciles, como alas de rosados flamencos, revolaban hacia el sur; y en las aguas relampagueaban fantásticamente las postrimeras lumbres solares...

De pronto, y como continuando en alta voz el proceso lento de sus remembranzas, Heriberto exclamó:

—Hace veinticinco años, cuando yo tenía treinta, aciagos reveses de fortuna me obligaron a trasladarme con mi familia a este pueblo. Pocos días después de mi llegada, vi en ese balcón a la criatura más linda que puedes imaginarte. Mi corazón sufrió entonces el único poderoso estremecimiento que ha turbado su calma inmutable. Me enamoré ciegamente de aquella blanca beldad. Se llamaba Ofelia, como la novia de Hamlet; y había en toda ella un encanto y un misterio sobrehumanos. Sus ojos eran dos divinas violetas y su sonrisa un vago enigma. Triste y silenciosa, semejaba una visión de poesía, leve y ondulante. Algo así como una flor de quimera, como un blanco nenúfar...

Su familia y la mía se unieron en profunda amistad. Pedro, hermano de Ofelia, y Carlos, mi hermano menor, ligados por un íntimo afecto, se hicieron inseparables. ¡Extraña afección nacida de caracteres tan desiguales! Pedro Oliver, de origen inglés, de veinte años, era pálido, delgado, de pequeña estatura, grave como un viejo. Nunca le vi sonreír. En su impasible semblante de mármol se reflejaba un dolor recóndito. Era, en verdad, un tipo singular, un espíritu fuerte, un hombre inolvidable. Carlos Landry, de su misma edad, parecía hijo suyo. Pendenciero y locuaz, lleno de la alegría de vivir, bello y altivo, rebosante de salud y de audacia, era el don Juan del villorrio, siempre metido en peligrosas aventuras y en lances espeluznantes. En vano traté de corregir su carácter turbulento. Oía en silencio mis observaciones, sin objetarlas, pero sin pensar en la enmienda. No obstante, yo le quería por su franqueza, por su valor y por el afecto entrañable que me demostraba. Jamás dudé de su adhesión, que yo juzgaba capaz de los mayores sacrificios.

Ofelia Oliver iluminó mi vida. Fue una estrella y una flor en el erial de mi corazón. Las violetas de sus ojos perfumaron mi espíritu. Nos amamos ciegamente. Era entonces mi existencia un río diáfano de ondas armoniosas. Los objetos exteriores se revestían a mi paso de formas ilusorias.

Todo cantaba y fulgía a mi alrededor; y los cielos, y las brisas, y las noches, y los crepúsculos, se poblaban de músicas y de aromas que embriagaban mi alma.

De acuerdo ambas familias, se resolvió que nuestro matrimonio tendría efecto cuando Ofelia cumpliera diez y ocho años. Faltaban, apenas, dos, para llegar a la cima de mi felicidad. Sin embargo, dos años... son dos siglos cuando se ama y se espera.

Finalizaba aquel término ardientemente deseado y ni la más leve sombra había obscurecido mi ventura, cuando una noche, una brumosa y gélida noche de enero, en que la lluvia y el viento azotaban las ventanas de mi cuarto, me desperté sobresaltado, creyendo que alguien me llamaba.

—Carlos, eres tú? —grité incorporándome...

Pero no obtuve respuesta. Entonces, con rápido movimiento, encendí luz. La habitación se hallaba solitaria. El reloj dio la una de la madrugada. Fuera, el viento gemía...

Me vestí apresuradamente. Cogí el candelabro y con paso incierto avancé por el angosto corredor. Llegué a la estancia de Carlos, y al entrar quedé inmóvil de sorpresa y de espanto.

Yacente sobre la cama, bañado en sangre, lívido, con los grandes ojos negros llenos de lágrimas... me miraba con una mirada lastimosa de angustia y de horror.

—Carlos —sollocé todo trémulo.

El mísero me miraba dolorosamente y sus lágrimas corrían por sus mejillas cárdenas.

—¡Habla! —grité de nuevo, sintiendo que me ahogaba.

Pero él continuaba mirándome de un modo inexpresable. Aquello duró un minuto, quizá un siglo. Luego, se estremeció, y su llanto dejó de correr. Estaba muerto.

Pedro y yo, acompañados de dos íntimos amigos, lo condujimos en hombros al cementerio, Aquel suicidio me impresionó terriblemente. Todo el afecto que sentía por Carlos se avivó de tal modo que su recuerdo fue desde entonces, por mucho tiempo, una obsesión de mi espíritu.msg mucho tiempo, una

Corrieron varios días. Una tarde me encontraba en disposición de salir, cuando Pedro Oliver llegó a mi cuarto.

—Iba a tu casa —le dije.

—Está solitaria. Ayer partió la familia para el campo.

—¿Y Ofelia?

En lugar de contestarme me tomó familiarmente del brazo, exclamando:

—¿No quieres que demos una vuelta ?

Caminamos en silencio durante algún tiempo. Vestidos de negro, callados y graves, atraíamos la atención de las gentes que cruzaban las calles.

Llegamos a este lugar. Allí, sobre esa piedra en que te encuentras sentado, descansó Pedro Oliver en aquella hora inolvidable.

El rumor del río, en la tarde dorada y triste, semejaba el murmullo de una fúnebre plegaria. Los horizontes empezaron a enlutarse y todos los objetos parecían envueltos en un velo de melancolía.

Permanecimos callados una hora, con los ojos fijos en los ámbitos obscuros, dominados por un lacerante pensamiento. Montañas de dolor pesaban sobre nuestros corazones. Dos veces nos miramos en silencio.

Observé que el semblante de Pedro tenía una palidez sepulcral. Algo horrible y trágico pasaba sobre nuestras almas. Una densa sombra descendió de los cielos y un frío y un miedo insólitos helaron mi sangre. Hubiera deseado gritar, huir, librarme, con un acto de energía, de la dura garra del presentimiento. Pero no podía moverme, petrificado de angustia.

Lentamente, con un gesto de amarga pena, con los ojos áridos, Pedro se levantó, y tomando una de mis manos entre las suyas heladas, me dijo con voz opaca:

—Has de saber, querido Heriberto, que Carlos no se suicidó...

Yo, sin pronunciar una palabra, le miraba sin comprender, presa de un calofrío.

—No se suicidó —repitió Pedro—. Yo le maté.

—¿Tú?

—Yo le maté. Verás cómo. Cierta noche en que regresaba a casa después de las doce, vi que un hombre descendía de lo alto del balcón de hierro. La luz del farol cercano iluminaba aquella parte de la calle. Oculto en la sombra, pude observar que el ladrón —porque yo le juzgaba un ladrón— se había deslizado por un espacio que dejaba libre el varillaje. Pero cuando el hombre se encontró sobre la acera, apareció Ofelia, y a través de los barrotes se besaron. Yo me puse a temblar. Él huyó en paso rápido. Yo le seguí a diez varas de distancia, por el lado opuesto. No le conocí porque iba de espaldas y con el sombrero metido hasta los ojos; pero tenía la certeza de que eras tú. De improviso, comprendiendo que el camino que llevábamos era el de tu casa, tomé otra calle para acortar la distancia y sorprenderte de frente. Así sucedió. Al volver una esquina, nos encontramos cara a cara. El hombre dio un salto para atrás al reconocerme. Era Carlos. Nuestras miradas relampaguearon un segundo. Rápidamente le disparé tres tiros. Vi que vacilaba y caía. Creyéndole muerto, me alejé. Ignoro cómo pudo llegar a su cuarto...

Pedro guardó silencio. Nuestras manos enlazadas se estremecieron. ¡Fuera de la vida, en un vértigo de espanto, nos miramos, como si acabáramos de salir de la tumba!

JUAN DE BREUZE

I

Juan de Breuze —cuya historia de amor y de sangre relatan viejas crónicas— se retiró a su castillo de Bretaña con su tercera esposa, la seductora condesa Ivone.

Hombre altanero y violento, despreciaba a los demás hombres, y de la Vida sólo amó el Amor y las trágicas aventuras, en las que tantas veces contempló impasible la cara de la Muerte.

Ya en pleno otoño consagró su postrer pasión a la joven condesa, seducida por su aspecto de rey de leyenda y por su renombre de valiente entre los valientes.

Cuando al regreso de sus peligrosas cacerías miraba en lo alto del balcón señorial la blanca figura de Ivone, que le tendía los brazos, su duro corazón temblaba y sus áridos ojos se humedecían de ternura.

II

Gastón de Breuze, su primogénito, famoso capitán de bandidos, llegó al castillo en una noche de tormenta en que los abruptos montes retemblaban con el estampido de los truenos. Entre dos relámpagos, como una aparición infernal, verdaderamente satánico en su negro corcel encabritado, lo vió Ivone atravesar con su cortejo maldito el puente sin defensa y dar grandes voces de mando en los anchos patios obscuros

Preguntó ásperamente por su padre, y al saber que se hallaba en sus tierras de Hungría, enderezó el paso audaz hacia la alcoba de la condesa. Dió dos fuertes golpes en la ferrada puerta, y luego, al sentir el silencio a su alrededor, de un formidable puñetazo rompió el vetusto aldabón, penetrando brutalmente en la estancia.

Como los antiguos y crueles piratas en los abordajes de alta mar, encendido en súbita lujuria, intentó poseer a Ivone por la fuerza. Pero la joven subió rápidamente las gradas del balcón de piedra que daba al exterior, y al verse casi arrebatada por el sátiro, se arrojó en el vacío.

El sol de la siguiente mañana doró su cadáver sobre las baldosas ennegrecidas por la lluvia.

III

Cuando Juan de Breuze conoció el trágico suceso, escapó de enloquecer. Reunió sus hombres de guerra, atravesó como un rayo la inmensa distancia y en una sombría medianoche asaltó el castillo, recuperándolo en pocas horas y degollando con su propia mano a todos los bandoleros.

Gastón, tras una lucha feroz, fué derribado y estrechamente amarrado en un poste de hierro del patio de honor.

IV

Reinó un profundo silencio entre los soldados cuando el terrible viejo bajó la enorme escalera de granito. Avanzó, lentamente, hacia su hijo, mirándole con fría expresión de tremendo desprecio. El prisionero sostuvo aquella mirada sin temblar y adelantando la lívida cabeza cubierta de sangre le escupió en la cara una injuria soez.

Entonces Juan de Breuze, de dos rápidos golpes de su puñal, le vació los ojos. Levantó luego la diestra imperativa y acudieron los servidores al instante. Cortadle las manos y la lengua —dijo—, y llevadle, a la ciudad para que, durante medio siglo, haga reír a los mendigos.

FAREWELL

Mírame bien. Mi nombre hubiera
podido ser, pues me llamo
DEMASIADO TARDE, NUNCA MÁS.
Adiós. —ROSSETTI.

Vi a Mary, la última vez, en pie sobre la cubierta del Orinoco inmóvil, en la bahía azulada, frente a Rio de Janeiro.

Presa de un dolor acerbo miré largamente el óvalo divino de su rostro, sus tristes ojos de ágata y la húmeda herida de su boca.

—Vas a partir para siempre —murmuré— e ignoro todavía si me amaste un poco. Yo te he querido honda y dolorosamente, sin esperanza.

Sus extrañas pupilas llenáronse de lágrimas, que cayeron dulcemente en mi corazón.

—Cállate —la dije entonces—. No me digas ahora que me amas porque me matarías. Has callado tu emoción y la conozco demasiado tarde, cuando vas partir.

Y de nuevo la miré ávidamente, con la mirada con que el suicida ve, por la vez postrera, la luz del sol.

Vestía un traje sutil de seda gris con tenues rayita violetas, y en su sombrero ligero temblaba un ramo d menudas flores azules. Emanaba de su fino cuerpo u vago perfume que hacía más lacerante mi tristeza. Estábamos solos en aquel extremo del vapor y tomé entre las mías sus manos de jazmín.

—¿Recuerdas la hora en que nos conocimos? —exclamé—. Fué en Nueva York, en uno de los grandes muelles. Nos saludamos al vernos como dos camaradas, y, al encontrarnos después, sonreímos como dos amantes. Tu mamá me regaló un fresco ramo de rosas bermejas. Y pronto los tres nos hicimos amigo ¡Qué seductora travesía! ¿Verdad? Hace apenas tres meses y ya todo se acaba. Se fueron para siempre jamás nuestros diálogos deliciosos en las noches de a bordo, frente al mar sonante, en plena ilusión bajo las divinas estrellas.

Ella murmuró entonces, dentro de mi alma aún m que en mis oídos, la profunda frase de Dante Gabri Rossetti, en la lengua de su país.

—Look in my face! My name is might have been. I am also called *Too late, Never-more. Farewell.*

Lentas y melancólicas, como pétalos de una fúnebre flor, cayeron en mi espíritu las palabras sonoras amargas.

Sí, te miro bien, y mis ojos inconsolables conservarán tu imagen aún más allá de la vida. Te veo como el náufrago ve la línea de la costa que se aleja.

¡Ah, Mary! ¡Cómo perfumaste mis días, cómo me hiciste soñar! Recúerdame alguna vez, no me olvides del todo...

—Si vas algún día a Inglaterra, busca nuestra casa de Liverpool.

El transatlántico lanzó un ronco grito.

—Never-more, my love... —murmuré en voz baja.

—Farewell —dijo ella.

Y me abrazó toda trémula. Y me entregó su pañuelito azul, húmedo de lágrimas.

EL CARACOL AZUL

Cuando el sol surgió del mar, como un enorme cáliz rutilante, inicié mi excursión por la playa de finas arenas, donde morían suavemente las ondas. Iba en busca de la mágica piedrecilla violeta, oculta en una concha tornasol, que vi en la ilusión de un vago sueño, pensando en la linda joven de los ojos taciturnos.

Para asombrar su alma en flor quería la menuda turquesa quimérica: para turbar su pequeño espíritu con algo precioso y brillante. Recorrí, en vano, durante largas horas, la vasta extensión blanquecina; deteniéndome a cada minuto para examinar los variados residuos que arrojaban de su seno las aguas salobres. Nada. Nada. Sólo, en inútil abundancia, estrellas grises y conchas de diversos tamaños y colores.

El fuego solar calcinaba la tierra y la fatiga acortó mis pasos. Pero una fuerza interior me impelía. Súbitamente, una rápida luz me deslumbró como un relámpago; y una gran ola retumbante arrojó a mis pies un objeto nunca visto por ojos humanos. ¿Un encendido lapislázuli? ¿Una cálida piedra de la luna? ¿Un zafiro de imponderable fulgor? Lo examiné en silencio con singular emoción: era el fabuloso caracol azul, el tesoro de las sirenas, de que habló en remotísimos tiempos un célebre fakir; amuleto infalible contra el mal de amor, y que inútilmente buscaron, en los siglos que fueron, sabios y poetas.

¡Líbreme Dios de enseñarlo a mi amada! Nadie jamás gozará de su milagrosa virtud. Solo de mi alma pensativa podrá verlo entre el misterio de los plenilunios, junto al mar, como expresan las graves palabras del viejo taumaturgo.

PAREJA EXÓTICA

En las Islas Madera, en una tarde amarilla de septiembre, y en el corredor sonoro del hotel, observo esa extraña pareja, mientras saboreo, con lentitud, una copa de añejo porto sangriento.

Visten con elegancia. Ella posee una hermosura alucinadora, mórbida e imperativa. Él tiene un aspecto extravagante e insolente de lacayo o de príncipe sin fortuna.

Hablan, a media voz, en una lengua áspera y gutural, y sus frases suenan como silbidos de víboras en celo. Sus ojos lanzan rayos de odio y a cada minuto sus semblantes se ponen cadavéricos.

De pronto, con un movimiento lánguido, él fija la roja brasa de su cigarro sobre la mano derecha de la mujer, que se apoya en un extremo de la tabla de mármol. Ella no retira la mano ni exhala una queja. La llama devora la fina piel del guante y luego la satinada blancura de la carne. Pero continúa impávida. Sólo sus pardos ojos metálicos, clavados sobre los ojos crueles del hombre, semejan dos flamígeras flores.

Llévase a los labios, con la mano izquierda, el vaso ligero de Chianti, y rompe con los dientes el cristal. Luego asoma a su boca bermeja una sonrisa irónica. La brasa extínguese, al fin, sobre la carne inmóvil.

La mujer, con felino ademán, arranca de su sombrero un largo punzón de oro, y con la mano herida empieza a clavarlo profundamente sobre las piernas del hombre. Mírale un segundo y con rapidez increíble le da un violento puntazo en una mejilla, y después otro y otro, en la frente, en la barba, en la boca, en la nariz, a una línea de los ojos. Menudas gotas de púrpura aparecen en todo el rostro. Y él, sin alterarse, la mira en silencio, fríamente.

Ambos se llevan el pañuelo a la cara. Él lo retira tinto en sangre; ella, húmedo de lágrimas. Y ante la máscara trágica del hombre, la mujer vibra con mortal calofrío, y luego estalla en una ruidosa risa que agita locamente su collar de diamantes y los pájaros azules de su sombrero.

NOCTURNO MELANCÓLICO

El plenilunio argentaba la nemorosa necrópolis, y un gran silencio de eternidad —apenas interrumpido vagamente por el rumor de la brisa en los ramajes— imperaba en el sagrado recinto.

Sonaron, a lo lejos, doce campanadas, en la antigua catedral. Al esfumarse el eco remoto, di tres golpes con la punta del bastón sobre el mármol del sepulcro de Martha. Y esperé, inmóvil en la vasta puerta misteriosa, con la triste alma suspensa en el abismo enigmático. Esperé la contestación de ultratumba, el signo de la sombra, la luz del más allá que Ella me prometiera con su voz inmortal cuando, por la vez última, me miraron en la tierra sus ojos incomparables.

Esperé con el corazón saturado de infinito, pleno de paz ilusoria.

El silencio se hizo aún más solemne, como si de él fuera a surgir algo sobrehumano.

—¡Martha! ¡Martha! —suspiró mi espíritu.

Súbito sueño balsámico embriagó mi ser.

En un pálido paisaje sublunar vi su leve forma castísima en un vuelo sideral.

—¡Martha! ¡Martha! —sollocé, recobrando mi pensamiento y mi profunda emoción.

El viento arrastraba ahora las hojas secas sobre los mausoleos, y las sombras de los altos cipreses movíanse quiméricamente en la blancura de la noche.

LA DÁDIVA DEVUELTA

Un hombre de cruel espíritu, que de todo se burlaba, llegó a un pueblo azotado por el hambre y la peste.

En la noche hizo transportar por sus criados gran cantidad de piedras del río vecino a un ángulo de la plaza; y subido sobre el montón a la mañana siguiente, empezó a distribuirlas, con sonrisas irónicas, a los miserables que por ahí pasaban.

Los que de todo carecen cogen lo que se les da: una moneda, un mendrugo, un pedazo de papel impreso, una piedra. A la menor insinuación alargan la mano de manera inconsciente: como nada tienen, toman lo que nada les cuesta.

Pero los últimos que aceptaron la inútil ofrenda sorprendieron la sonrisa sarcástica. Y momentos después todos regresaron iracundos, lapidando sin piedad al hombre sin corazón.

Luego arrastraron al campo el cadáver ensangrentado y cada uno fué arrojando sobre él la dádiva recibida.

CELOS

Mientras como negros reptiles me devoran los celos, déjame reír de mi propio dolor.

Veo tus ojos grises acariciando a mi rival, hambriento de tus labios de púrpura. ¡Mi corazón va a estallar!

Río, oyendo la charla fútil de una jovenzuela, y mi mano oprime el pomo de nácar del revólver.

Como de un lejano mundo llegan a mí tus palabras. Miro en tu cuello un collar de gotas de sangre y las camelias de los altos jarrones convertidas en adelfas.

...En un éxtasis hondo sueño verte inmóvil sobre un túmulo.

Llegas a mi lado y oigo tu voz dulce:

—¿Te imaginas que después de ti podría yo amar a otro hombre? No ves que bromeo con es imbécil?

Entonces dejo de reír, y en silencio te miro en el alma. Y tiemblas junto a mí. Y yo me burlo de tu palidez.

SEGUNDO DE ILUSIÓN

I

Cerca de la gran ciudad del Oriente remoto me encontré con la jovencita morena en cuyo lindo rostro vi la tristeza más desesperada y la desolación más terrible.

No contestó a mis preguntas en aquel día imperecedero, ni en los demás a mis reclamos de amor sino con una sonrisa incolora y con indecisas miradas de temor suplicante.

Bajo un tamarindo cubierto con brotes amarillos, junto a un manantial de ligero rumor, me esperaba en los anocheceres.

Y yo veía brillar un segundo la felicidad en sus verdes ojos dorados cuando, con sus manos entre las mías, me sentaba a sus pies.

Por aquel segundo de ilusión que le producía mi presencia, era yo feliz.

II

En un instante de cruel incertidumbre, herido por su silencio, la tomé una tarde ciegamente en mis brazos, y con mi cabeza hundida en su seno le rogué con dulces palabras profundas que dijera su dolor a mi corazón:

—Soy una leprosa —murmuró en mi oído, sollozando.

Súbitamente se entenebreció mi alma. Pero una piedad sobrehumana, más suave y más fuerte que el más intenso amor, embriagó mi vida. Acerqué mi rostro a su rostro angustiado y besé largamente su boca convulsa, estrechándola contra mi pecho con angustiosa desesperación.

En la tarde siguiente —tras la victoria de mi espíritu en tremenda lucha con la frágil materia que lo envuelve— llegué al sitio inolvidable resuelto a unir para siempre mi destino a su triste destino. Pero ella no estaba allí, ni regresó nunca más. Ni nadie volvió a ver su gracia juvenil sobre la tierra.

LA PASAJERA DE LOS OJOS VERDES

Vibró el vapor, en el claro día, a la llegada de la pasajera de los ojos verdes. Su exótica elegancia felina atrajo la mórbida curiosidad de las mujeres y despertó ciegamente en los hombres el deseo atormentador. Era alta y grácil, ejemplar magnífico de una raza que asombró a los siglos con singulares acciones de hermosura y de fuerza. Vestía un extraño traje gris bajo el cual ondulaba su cuerpo serpentinamente. Toda iba de gris, desde el velo ligero hasta las botas y las medias, que ceñían sus redondas pantorrillas y que transparentaban su carne morena. Parecía una adolescente con su rostro pálido, su mano menuda y su boca encendida. Sólo sus ojos inmensos, verde-obscuros como los de las sirenas, ardían como dos diabólicos fuegos de pecado, bajo las sombrías cejas, entre las pestañas rizadas y largas. Sus ojos eran así, y su andar de maleficio; lento y voluptuoso, evocador de la amarga lujuria de ciertos versos exóticos de Baudelaire en que se aspira un perfume lacerante que hace llorar de amor y de inútil deseo.

Pasó fugazmente como una caliente forma del Mal formidable, a la vez tan doloroso y tan dulce. ¿Su nombre? Nadie lo supo. Recorría el mundo divirtiendo la estupidez humana con algunos animales amaestrados, apareciendo ella misma en los escenarios, completamente desnuda dentro del agua contenida en un inmenso globo de cristal.

Sintiéndose deseada y admirada por todo el pasaje, rió, y bromeó, y bebió con todos *whisky and soda, cocktails* complicados y cervezas frías. Rió y sonrió y bebió hasta con los mudos por el desconocimiento del inglés. Sólo a las mujeres no se dignó mirar.

Al día siguiente de anclar el vapor, ella se embarcó en otro, rumbo al sur de América. Y a lo largo de los tiempos se verá sobre la cubierta de los buques, en las lejanas latitudes, su bella figura pecaminosa, ondulando vestida de gris, o de verde, o de azul, entre los atormentados deseos de los hombres.

UN GAÑÁN

Llegó a un vetusto pueblo centroamericano un yanqui rudo de carácter pugnaz a quien todos temían por su fuerza hercúlea. Acostumbrado a finalizar a puntapiés cualquier discusión, eran muchos los agraviados por su violenta acometividad.

—Es un bruto, una bestia salvaje —decían en voz baja las gentes—. De un puñetazo mataría a un toro.

Y, sabedor del miedo que inspiraba, volvíase cada vez más insolente.

Grueso, bajo, de ojos saltones en una cara redonda, sin bigote ni barba; erguida la hirsuta cabeza y en la diestra un látigo de capataz, cruzaba lentamente las calles en perpetua actitud de desafío.

A todos amedrentaba su áspero acento y su risa burlona; para todos tenía un ácido vocablo o un gesto desdeñoso.

Y sucedió que este gañán iracundo, rico y ocioso, dió en perseguir, con un ardor de brama, a una guapísima muchacha, cuyo novio viajaba por Europa.

A pesar de las continuas repulsas, el bárbaro obstinóse en su aventura y no omitió ningún medio para darle cima. Pero todo fué inútil, pues sólo cosechó frialdad y desdén.

El inesperado regreso del novio exasperó la pasión del jayán, quien, encendido en celos, juró mil veces vengarse en su rival, imponiéndole toda clase de ridículas humillaciones.

Era éste un joven de corta estatura y aspecto enfermizo; pero con uno de esos espíritus forjados en los metales heroicos.

En la tarde apacible de un domingo, cuando los novios se paseaban en el parque provinciano, apareció de improviso el matasiete con aire altanero, procurando atraer la atención de los circunstantes. Dirigióse con despectiva sonrisa hacia la feliz pareja, y al pasar junto a ella, de un rápido revés echó por el aire el sombrero de su rival, volviéndose con el látigo levantado.

Pero en el preciso segundo de ese movimiento un tiro en medio de las cejas le hizo rodar por el polvo.

INMUTABLE BAJO EL CIELO

En la tarde violeta, bajo el cielo inmutable, sintieron caer sobre sus espíritus fraternales una sombra mortuoria.

—¡Cuán lentos pasan los años! —exclamó él—. ¡Cómo han envejecido nuestros sueños! Siento mi alma llena de remotas memorias, de antiguas imágenes. Una dulce nostalgia desciende sobre mí, haciéndome sentir la angustia de las cosas lejanas, de las cosas perdidas para siempre. A veces el recuerdo se clava como un áspid sobre mi corazón y prende una nueva tiniebla en la noche de mi tedio profundo.

—Sí —dijo ella con melancolía—, los años pasan lentamente. Nuestros sueños son perfumes, que una vez extinguidos, no pueden renacer. Todo es triste y amargo sobre la tierra; toda sonrisa encierra una lágrima; y entre los lirios marmóreos y las rosas escarlatas crecen los asfodelos de la muerte. Lo mejor es morir joven, llevando de la vida una idea ilusoria, algo así como una melodía.

—Sin embargo, nosotros somos jóvenes y ya sentimos sobre nuestros espíritus el peso de una lápida fúnebre. No sé cuándo debiéramos haber muerto.

Ella guardó silencio.

Y se quedó mirando, con una tristeza que no era de este mundo, la línea gris del horizonte, las nubes que pasaban, a lo lejos...

EL HIMNO EMBRIAGADOR

Rememoro siempre, con extraña ternura, un viaje que hice, cuando tenía catorce años, al pueblo de Culmí, a tres jornadas de Juticalpa, en dirección al Atlántico.

Varias señoras, que iban en romería a visitar al Cristo de aquel lugar remoto, me invitaron para que las acompañara; y acepté en el acto, pues con ellas iría también una jovencita, cuyo nombre, entre los más aterciopelados adjetivos, figuraba, como una letanía suspirante, en cada página de mis cuadernos de versos.

Se llamaba Lucila, y sus grandes ojos claros eran como dos estrellas pensativas. Yo la quería con ese transparente amor de la adolescencia que perfuma el alma, errabunda en los nocturnos jardines de la primera ilusión. Soñaba lánguidamente con sus besos, con sus largos abrazos, con el tenue olor de su seno florido. Era mi obsesión pertinaz, el imán de mis deseos, el sol de mis días obscuros. Saturado de un mórbido romanticismo, encontraba en ella la íntima y pudorosa gracia de *María,* la imposible novia con que Isaacs idealizó la tierra caucana.

II

En el tercer día de viaje, cuando atravesábamos la extensa avenida de un bosque secular, Lucila exclamó de pronto:

—¡Qué linda flor!

—¿Dónde? —le pregunté ávidamente

—Allá, en la cumbre de ese árbol altísimo. Y señalaba la copa de un enorme guapinol, de la que profusamente colgaban racimos de verdes parásitas.

Miré... y vi la flor temblando en el aire. Era una preciosa orquídea —oro, plata y violeta— encendida bajo el sol.

Verla saltar del caballo fué cosa de un segundo. Subí ágilmente por el árbol, entre los agudos gritos de las mujeres, que me suplicaban, con exclamaciones de terror, que desistiera de mi propósito.

—Por el amor de Dios, bájese, Froylán —rogaba Lucila— cuando ya iba las ramazones tupidas.

—Recuerde que el guapinol es muy quebradizo y que nadie puede llegar hasta su copa. ¡Bájese! Todas se lo pedimos. ¡Se va a matar, Froylán!

Pero yo no hacía caso de las voces obstinado, y despreciando el peligro, subí, subí, sin importarme el continuo crujir de las frágiles ramas en que ponía los pies.

Subí, subí sin descanso, recto hacia el objeto apetecido; subí, con esa metálica energía, con esa indomable y tenaz voluntad que me impulsan, imperativamente, en los minutos supremos, haciéndome triunfar en las más arduas empresas. Llegué tan alto, tan alto, que logré levantar la cabeza por encima del obscuro follaje en que terminaba el árbol gigantesco.

Entonces, con el corazón resonante, ebrio de orgullo, disparé en el vacío mi revólver en señal de victoria.

Y mientras desde aquella insólita altura contemplaba el vasto paisaje luminoso, agitando en la diestra la linda parásita, oía, como un himno ardiente, como un cálido grito de amor, como el canto inefable de una lejana tierra de ilusión, mi nombre, sin cesar repetido por la vocecita adorada:

—¡Froylán! ¡Froylán!

KATIE

Relato de un muchacho de
Brooklyn.

I

Mi pequeña hermana Katie tenía los cabellos amarillos y los ojos castaños. Era grave y dulce y muy silenciosa. Por la casa deslizábase levemente como una sombra, con su ligero vestido y sus medias azules. Yo adoraba a Katie, y el día en que cumplió nueve años, la víspera de Navidad, le regalé mi muñeco automático, único juguete que tenía.

II

Gustábame verla con su escobilla de plumas sacudiendo el polvo del salón, o cuando me decía muy seria, como una persona mayor, levantando el índice:

—Jack, es preciso que cuides más tu traje de terciopelo. Ayer, al limpiarlo, repuse dos botones que le faltaban.

Y sonreía suavemente, viéndome turbado.

Ella, tan pequeñuela, tenía para conmigo ternuras inolvidables.

III

En los crudos inviernos, antes de acostarse, acercábase de puntillas a mi cama.

—Katie, ¿eres tú? —le decía.

—Sí, Jack. Vine a ver si tienes frío.

Y después de arreglar el cobertor sobre mi cuello, me besaba alejándose sin hacer ruido.

IV

Cierta noche, al regresar de Cone Island, cuyas magias de luz la encantaban, Katie se sintió muy enferma. Y al día siguiente su mal empeoró. Fueron inútiles los esfuerzos que el médico hizo para salvarla. Katie se moría.

Yo no me separaba de su lecho, petrificado de espanto. Parecíame que, al morir ella, todo acababa para mí.

—Jack —me dijo, incorporándose sobre la almohada, con los ojos encendidos por la fiebre, en la horrible medianoche—, sé muy bueno y no olvides a tu pobre Katie. Siento morir porque te quería mucho...

Fueron sus palabras postreras. Vistiéronla de blanco y la cubrieron de rosas pálidas y de jazmines. Y así, más blanca entre tantas blancuras, Katie era más linda que los ángeles.

Antes de colocarla en la caja de seda, besé sus manos frías y sus grandes ojos castaños.

VI

En aquella tarde obscura la enterraron bajo un sauce cubierto de nieve, en el triste cementerio de Greenwood.

Allí reposa la pequeña Katie. Y yo, que desde que se fué vivo sin alma, cuando paso por aquel sitio lúgubre, siento que mi corazón deja de latir y que mis ojos se llenan de lágrimas.

DÍA DE INVIERNO

I

La bella Clara Duse miraba caer la lluvia, tristemente, tras los pálidos cristales. Sus ojos melancólicos sufrían una nostalgia profunda ante el frío paisaje de invierno extendido a lo lejos. Mirando la plomiza humareda de brumas evocaba los días de oro del otoño, las tardes deliciosas del estío, en que todo parece brillar y sonreír bajo la gloria de un cielo de zafiro. Evocaba los magníficos crepúsculos constelados de rosas de sangre, los plateados plenilunios en que la tierra se envuelve en un velo misterioso.

Dentro de su pecho, su corazón apasionado palpitaba angustiosamente.

Grandes pájaros silenciosos cruzaban el horizonte, volando hacia el sur. Un viento helado azotaba los árboles, sacudiendo los húmedos ramajes, y un sol mortecino mostraba su globo opaco a través de varias capas de nubes.

Ante aquella naturaleza sombría, anegadas pupilas en la lumbre taciturna, un recuerdo amargo brotó, como una flor venenosa, de lo más recóndito de su espíritu. Era una cruel remembranza que la perseguía en los días obscuros. Por eso odiaba el invierno con sus tardes lúgubres como una agonía, con sus mañanas monótonas en que las nieblas errantes semejan fantasmas.

Pasó el quinto aniversario, y el recuerdo persistía, vivo, tenaz, imborrable. Dominada por la intensidad de su pena, fue uniendo las páginas de aquella historia desgraciada. Su fantasía se pobló de múltiples imágenes; pero entre todas las visiones de aquel mundo muerto, un nombre, una fecha, una figura querida, se imponían, llenaban su alma.

II

¡La imagen del pobre muchacho que se mató por ella! Se llamaba Horacio M***. Fue un gallardo mozo, un adolescente, muy tímido, muy romántico. Lo conoció en el puerto, el último año en que ella fue a tomar baños de mar. Le llamó atención por la palidez de su rostro y por el fulgor extraordinario de sus pupilas negras. También la sedujeron sus manos, de una suprema hermosura. Ella adoraba las bellas manos, las manos ducales, blancas y puras, de finos dedos y uñas de ágata. Era una monomanía peculiar de su ser verdaderamente culto y aristocrático. No juzgaba digno de ser amado por una mujer superior a un hombre de manos vulgares. En esto no hacía sino seguir los impulsos de su temperamento delicado, que sólo le permitía amar las cosas brillantes, las formas impecables y absolutas. Se sentía orgullosa de aquella excelsa virtud estética, rarísima en el alma de una mujer; y de ahí su instintiva repugnancia por los objetos y personas que no se presentaban a sus ojos adornados de alguna cualidad extraña. No era exigente. Se conformaba con un solo detalle singular. Así, perdonaba en un hombre la fealdad de su figura, si veía su rostro iluminado por una graciosa sonrisa o por la luz de dos pupilas soñadoras. El color y la carnación de una boca fresca y armoniosa la hacían olvidar cualquiera irregularidad en las otras facciones. Pero su obsesión eran las manos. Para ella nada en el mundo podía igualarse en hermosura a una mano perfecta. Soñaba con unas manos ideales, sensitivas y refinadas, conocedoras de todos los placeres sutiles de la caricia, dulces y terribles en su poder amoroso. Manos de movimientos elegantes, de actitudes castas, límpidas e inocentes, hondamente sensibles, como si tuvieran un alma peculiar. Manos silenciosas, de palmas sonrosadas y suaves como la seda. Manos enigmáticas, leales y felinas, divinas y satánicas, sabias en los secretos del amor y de la muerte... Así las soñaba con todo el anhelo de su alma frágil y vehemente y con todo el fuego de su sangre...

III

El idilio se inició en una tarde plácida, a la orilla del mar. Hacía un mes que se paseaban juntos por la playa y ni una palabra de amor había salido de sus labios.

Con frases trémulas y sencillas, él le descubrió su alma. Clara le dio a besar su boca de rosa. Después retuvo entre las suyas las manos del joven, y poniendo en juego toda su coquetería de mujer exquisita y perversa, le habló largamente de su pasión.

Horacio la oía, callado y estremecido. Se dejaba arrullar por la música de su voz. Después, venciendo con un violento esfuerzo su timidez, la estrechó entre sus brazos.

(TODO LE PARECIÓ QUE HABÍA SIDO AYER. ¡TAN TERRIBLE RENACÍA, AHORA, SU PENA! EL TIEMPO PASABA SOBRE TAN GRAVES MEMORIAS, SIN BORRARLAS, SIN ATENUARLAS, SIN PONER SOBRE ELLAS SU VELO DE OLVIDO. SU DOLOR NO TENDRÍA TÉRMINO. LO LLEVARÍA SANGRANDO HASTA LA MUERTE.)

IV

Poco a poco, de una manera lenta y dulce, con todo el encanto de su cuerpo florido y de su alma ardorosa y vibrante, fue arrastrando aquel corazón ingenuo a un abismo de amor y de locura. Ella despertó en él el alma el deseo. Primero le mostró su espíritu y le hizo soñar con un idilio casto; después le torturó con el pecaminoso aroma de su carne sonrosada y fresca.

V

Presa de un agudo pesar, recordaba ahora sus largos paseos por la playa de arenas amarillentas.

Apoyada en su brazo, ella le contaba sus ansias singulares, las exquisiteces de su espíritu sutil y extravagante. Con ese apasionado lirismo femenino —a cuyo encanto tantos hombres fuertes han sucumbido— le expresaba su amor a la belleza, a las imágenes gráciles, a las líneas armoniosas.

Él, seducido por su gracia penetrante, le contó a su vez mil detalles íntimos de su vida, su infancia incolora en una tierra extraña, su adolescencia impregnada de amargura y de esperanza, su juventud inútil hasta el día en que la conoció. Las frases de amor en sus labios sinceros se volvían elocuentes. Su faz se iluminaba y sus ojos languidecían.

En tanto, el cielo hacia occidente irradiaba con pálidos fuegos, fulgurantes sobre las rizadas plumazones de las nubes. Lampos violáceos flotaban en un piélago de escarlata. El sol hundía en las aguas salobres su fúlgida corola. Bandadas de gaviotas dirigían sus vuelos hacia el este ennegrecido; y de los vastos cielos estrellados, de las vagas distancias misteriosas, de la formidable palpitación de las ondas, de la tierra y del mar, del cielo y del aire, del crepúsculo fantástico, se exhalaba una poesía tan melancólica y tan honda, que los dos jóvenes, embriagados de tristeza, regresaban al puerto trémulos y mudos.

VI

En aquel opaco día invernal, mirando caer la lluvia pertinaz, ella se preguntaba:

—¿Le había amado?

Cien veces se hizo aquella pregunta, ante la cual su alma de esfinge permanecía silenciosa. ¿Le había amado? ¿O era únicamente la piedad lo que la hacía recordarlo de aquella manera...? Cuando lo conoció, él contaba dieciocho años y ella veinticinco. ¿Llegó a sentir por él una ternura enfermiza, casi maternal, viéndole tan tímido, tan ingenuo, tan niño...? Su alma voluble conocía, instintiva y prácticamente, los más hondos secretos amorosos. Quizá por eso acogió la ternura del joven con cierta curiosidad que para ella tenía un indecible misterio...

¿Pero ni aun entonces ella conoció el amor...? En Horacio, ¿amaba solamente sus largas manos pálidas...? Ella jugaba con aquellas manos como con un objeto fabuloso. Se estremecía al sentirlas hundidas en su opulenta cabellera de azulados matices. Flores de carne, ella las oprimía suavemente con sus labios sensuales, las apretaba sobre su rostro, haciéndolas vibrar de deseo. ¡Qué de raras locuras hizo con aquellas manos magníficas! Horacio se las abandonaba, sonriendo. Clara le tomaba la derecha, colocándola sobre la suya. Y ya juntas, las dos manos se acariciaban lentamente, lentamente; se poseían, unidas por las palmas, en una opresión dulce enervante.

Excitados por aquel refinado roce sexual, sus cuerpos se enlazaban ardientemente, en un íntimo abrazo. Sus bocas ávidas se unían con tal fuerza, que a veces los besos resultaban dolorosos.

Le amó, ciertamente... Recordaba sus esfuerzos para defenderse del quemante deseo que sus continuos chispeaba en los ojos de

Horacio. Ahora se arrepentía de no haber sido suya. Tardío pesar, que sublevaba sus fibras, que hacía palpitar sus entrañas, dejándola entrever, perdido para siempre, un mundo de amor, del que sólo quedó en su alma un acre perfume mortuorio.

VII

Una angustia horrible la sofocaba, al llegar, en el desfile de sus recuerdos, al epílogo sangriento. Ella, cediendo a un fatal impulso de su alma caprichosa y pérfida, quiso darle celos con uno de sus amigos. Fingió haberse enamorado de otro súbitamente y le habló de la necesidad de separarse. Fue la última tarde en que pasearon por la playa... Él la oía en silencio. En la noche, en su cuarto de hotel, se partió el corazón de una puñalada.

VIII

Clara vibró de pesadumbre ante el trágico recuerdo. Se levantó del sofá en que se hallaba sentada y se acercó al balcón. Y con la frente sobre los húmedos cristales, se puso a mirar el frío paisaje.

En su alma lloraba toda la amargura de la vida.

Negros nubarrones cubrían el cielo y un viento helado gemía entre los ramajes. Pájaros silenciosos cruzaban el horizonte....

La lluvia seguía cayendo, tristemente...

LAS GARRAS DEL TIGRE

I

En la casa montañera resonaban terribles lamentos en la sombría noche de junio.

La alegre Juanita, de once años de edad, fue víctima de la bestial lujuria del bandolero José Garmendia (a) El Tigre, que merodeaba por llanuras y serranías, marcando su huella con toda clase de infamias.

La pobre criatura fue asaltada por el feroz criminal a cien metros de la casa, en la vereda del Ojo de Agua. A sus agudos gritos acudieron la madre y las hermanas, pues los hombres no habían regresado de los tabacales de la vega. Pero llegaron tarde. El bruto —tras la vil satisfacción de su deseo— huyó velozmente por entre los árboles.

Juanita yacía inmóvil sobre el sendero, con las ropas desgarradas, medio desnuda y cubierta de sangre. El bandido, en la exasperación de su animalidad, y ciego por la resistencia, la golpeó horriblemente. Los ásperos dedos estaban señalados en la blancura del cuello infantil y de las pálidas sienes manaban hilos de púrpura.

Apenas pudo decir el nombre de su verdugo, muriendo algunas horas después.

II

Pasaron varias semanas. Los inspectores de policía temblaban ante la probabilidad de encontrarse con José Garmendia, y ninguno se atrevió a perseguirlo.

Era un temible malhechor, fuerte como un toro, ágil como el felino cuyo nombre llevaba, y de una crueldad sin ejemplo. Conociendo el terror que se le tenía, lo utilizaba en la continuación de sus audaces atropellos.

Se decía que cruzó últimamente la frontera de Nicaragua, después de asesinar y robar a dos achines en la Cuesta de la Azacualpa.

III

Juan Diego, el menor de los hermanos de Juanita, y el que ésta más quería, cambió de carácter desde la tarde del horrendo crimen. Perdió su buen humor habitual y su pasión por el trabajo. Sumergido en un tenaz silencio, pasaba días enteros echado en la hamaca de gruesa cabuya o errando por los montes. Contestaba agriamente las preguntas que se le hacían, y dominado por negra pesadumbre se olvidó hasta de su novia, la muchacha más linda de la próxima aldea.

Con frecuencia dormía fuera. Se tiraba en la frescura de las hondonadas y la aurora lo sorprendía mirando la palidez de los luceros.

Era un mocetón moreno, gallardo y musculoso, de rostro arrogante y mirada profunda.

Una mañana de las últimas de septiembre desapareció de la montaña. Y nadie supo más de su paradero.

Su padre y sus tres hermanos le buscaron por todas partes, y, tras inútiles pesquisas, creyeron que estaba muerto.

IV

Pero una noche todos despertaron a los violentos ladridos de los perros. La familia se levantó sintiendo que alguien desatrancaba la salida del patio.

En el instante en que abrían la puerta de la casa, Juan Diego apareció en el umbral. Lo rodearon entre exclamaciones de júbilo. Parecía más alto y barbudo y sus negros ojos fulguraban.

—¡Padre! —exclamó—. Aquí tiene las feroces garras de El Tigre, a quien dejé colgado de un roble en el valle de Jamastrán.

Y extrajo del saco de cuero que pendía de sus hombros dos objetos horribles y nauseabundos. ¡Dos manos hinchadas y monstruosas, peludas y negras, húmedas de barro y de sangre !

PAULINA

Ricardo N***, Armando de R* y yo, llegamos a profesarnos un afecto excepcional en estos tiempos en que el egoísmo predomina sobre todas las manifestaciones del espíritu.

Era una amistad íntima, probada desde la infancia, la que llegó a unirnos indisolublemente; y jamás una leve sombra empañó aquel sentimiento fraternal. Ricardo, el más joven, era un muchacho simpático, de mediana estatura, con una espléndida cabeza coronada de cabellos pardos. Silencioso, taciturno, poseía un espíritu elevado y exquisito.

Armando, de veinticinco años, alto, vigoroso, moreno, manifestaba llevar toda la audacia y la alegría de una juventud exuberante, acariciada por todos los vientos de la vida. Impulsivo, genial, apasionado, era un joven seductor, de cuyo encanto nadie podía evadirse. Su prestancia varonil se imponía desde el primer momento. Bajo la frente marmórea, sus límpidos ojos, de mirada profunda, brillaban apasionadamente. Sus labios, gruesos y rosados, sonreían de una manera peculiar. Sus cabellos —por un raro contraste— eran rubios, de un claro color de oro, y daban a su fisonomía un carácter de belleza singular y terrible.

Físicamente, nuestras naturalezas contrastaban en absoluto. Pero nuestros espíritus formaban una sola llama generosa, una sola energía, una sola fuerza. Se compenetraron de tal modo, que ya no fuimos, en verdad, sino tres cuerpos viviendo con una sola alma. Todo lo que hay de grande, de noble y de fuerte en el afecto que une a los hombres en la tierra, palpitaba con tal potencia en nuestros corazones, que juntos hubiéramos llegado sin temblar a la cumbre más alta del sacrificio y de la muerte.

II

Ricardo se casó con la encantadora Carlota G*, de quien era locamente amado. Él, a su vez, adoraba a aquella blanca beldad de cuerpo mórbido y esbelto, de gracia suave y arcana. Era uno de esos seres frágiles y tiernos nacidos para la felicidad y para llenar de luz y poesía la existencia de un hombre superior.

Así me lo dijo Ricardo algunos días después de su matrimonio. Era completamente dichoso. Todo sonreía a su paso. Todo parecía prometerle años fecundos de amorosa paz.

III

Mis negocios me obligaron a abandonar la patria para radicarme en una de las más florecientes repúblicas de Sur América.

Pasaban los años lentos y monótonos, como son siempre para el que vive lejos de su hogar. Continuamente recibía noticias de mis amigos. Sus cartas me llegaban por todos los vapores, con una constancia que patentizaba la sinceridad de su afecto.

Pero de improviso aquellas manifestaciones fraternales se interrumpieron; y no fue sino mucho tiempo después de faltarme sus cartas que supe, por un periódico que llegó a mis manos al acaso, la muerte de Armando.

Fue para mi corazón un rudo golpe. Lloré a mi amigo con lágrimas del alma, y su recuerdo me obsesionó de tal modo, que caí enfermo y tuve que guardar cama por varios días.

Algunos meses después, otra amarga pena vino a herirme: la muerte de Carlota, al dar a luz una niña.

Desde aquel instante, un pensamiento se grabó en mi cerebro, una idea se posesionó de todas mis facultades: la de ir a reunirme con Ricardo, el amigo doblemente infortunado, que había perdido, casi al mismo tiempo, sus más grandes afecciones. Pensé que mi cariño podría consolarle en su negro duelo, que en un hombre de su carácter debía durar hasta el sepulcro.

Pero obstáculos inesperados e insuperables me hicieron desistir de mi generoso proyecto.

IV

Pasaban los años, los años monótonos, los años interminables.

Al fin pude arreglar satisfactoriamente mis asuntos, y en una clara mañana de junio me embarqué en un vapor que hacía rumbo a las costas de mi patria.

Catorce años había durado mi ausencia. Mi familia y mis antiguos conocidos del pueblo de T*** no me reconocieron en el primer momento.

Después de las primeras alegrías del regreso, pregunté por Ricardo.

Vivía fuera de la población, en una hacienda, con su hija. Desde la muerte de su mujer y de Armando, nadie le había visto salir de aquella casa, perdida en el corazón de las montañas. Su carácter taciturno se volvió sombrío y huraño. Entregado a la lectura y a la educación de su hija, pasaba obscuramente la vida, olvidado del mundo.

Tomados estos informes, partí al siguiente día hacia la residencia de mi amigo. Caminé, durante varias horas, por la falda escarpada de la cordillera. A la caída de la tarde vi a lo lejos, en una verde hondonada, blanquear la casa a donde me dirigía.

Llegué a ella muy entrada la noche. Un sirviente salió a abrirme. No quise darle mi nombre, para gozar de la sorpresa de Ricardo, que nada sabía de mi viaje.

Fui introducido en un salón amueblado con sencilla elegancia. Luego apareció ante mí el dueño de la casa. Lo vi avanzar y tenderme la mano con fría cordialidad.

Mi corazón saltaba dentro del pecho. No pude contenerme más.

—¡Cómo! ¿No me conoces? —le dije.

Él me miró largamente con expresión de quien recuerda algo muy lejano. De pronto un relámpago pasó por sus ojos, iluminando todo su rostro.

—¿Eres tú, Mauricio? —exclamó, como si soñara—. ¡Ah, querido amigo!

Y nos confundimos un abrazo, hondamente en emocionados.

Luego, más tranquilos, hablamos largo rato de cosas antiguas, borradas casi de nuestra memoria. Viéndole aún presa de una fuerte impresión y notando que parecía eludir toda remembranza relativa a su mujer y a nuestro hermano muerto, no dije una palabra acerca de ellos, para no hacer sangrar heridas que quizá estuvieran mal cerradas.

Muy tarde me retiré a la habitación que me había destinado. Las violentas sensaciones por que acababa de pasar me impidieron dormir.

Me levanté a la hora del alba y me puse a recorrer los alrededores de la hacienda. Estaba situada en un amplio paisaje, rodeada de altas montañas. El sol doraba las cumbres con sus primeras claridades. Por todas partes se notaba el poder de los gérmenes en la tierra fecunda. Hálitos de vegetación lujuriosa vagaban en el ambiente, y del cielo azulado parecía descender una calma infinita.

Hasta que, dos horas más tarde, me encontré con Ricardo en el salón de la casa, comprendí todos los estragos que el tiempo y el dolor pueden hacer en la naturaleza del hombre.

La noche anterior, a la indecisa luz de una lámpara, no pude observar la decadencia física de mi amigo.

Ahora lo tenía frente a mí y no daba crédito a mis ojos. Ricardo, que apenas contaría treinta y cinco años, era un anciano. Su cuerpo encorvado, su cabeza encanecida, su rostro amarillento cubierto de arrugas, me conmovieron hasta el fondo del alma.

—¿Me encuentras muy viejo, verdad? —me preguntó al notar mi sorpresa—. ¡Ah, querido Mauricio! Es que he apurado la hiel de la vida hasta no dejar una gota. Por mi espíritu han pasado todos los dolores de la tierra. Llevo dentro de mí el cadáver de mi alma y arrastro mi cuerpo como si fuera un andrajo. He agotado de tal manera el raudal de mis lágrimas, que ya mis ojos sólo podrían llorar sangre. No sé cómo estoy vivo todavía. El dolor me ha petrificado. Te asombras de ver mi cabello casi blanco y mi semblante marchito... ¡Y si pudieras ver mi espíritu! Se ha hecho dentro de mí un vacío tan tremendo, que a veces mi pensamiento, al tratar de medirlo, ha sentido el vértigo de los abismos. Mi pasado me acosa como un espectro implacable. Siendo inocente, el fantasma de mi propio duelo me cubre con su sombra trágica y expío el crimen de que yo mismo fui víctima. El dolor, como un cuervo famélico, me ha devorado el corazón; pero en mi cerebro las ideas y los recuerdos continúan su obra lenta y terrible. Y aquí me tienes sufriendo de un mal espantoso: del asco de la vida. La felicidad no existe, Mauricio. Todo es engaño y mentira... ¡El amor! ¡La amistad! El destino encierra en esas palabras una amarga ironía y se venga duramente de los crédulos. Yo he sido uno de ellos; y mírame aquí expiando mi fe en la amistad y en el amor.

Yo lo oía hablar, mudo de asombro, penosamente sorprendido de sus palabras....

—¿Y Carlota? —le interrumpí de pronto—. ¿Y Armando? ¿Cómo hablas así de las cosas del alma, después de haber poseído la ternura de aquellos nobles espíritus?

Él sonrió espantosamente.

Con un acento que no era humano, con un gesto único de ira y de piedad, dejó caer en mi corazón este horrible secreto:

—En sus últimos momentos me confesó Carlota que Armando era el padre de la niña que le costaba la vida.

Y como viera que yo, sobrecogido de horror, dudara de sus palabras, creyéndole loco, se levantó, se acercó a la puerta y llamó:

—¡Paulina!

Transcurrieron algunos minutos de angustioso silencio.

Una niña de diez años, maravillosamente bella, penetró en el salón y avanzó hacia nosotros sonriendo. Yo no pude contener un grito. La semejanza era tan asombrosa, que no dejaba lugar a la duda.

¡Sí! Aquellos eran los límpidos ojos de mirada profunda, la frente marmórea, la sonrisa inolvidable, el matiz extraño de los cabellos, el aire de seducción y de gracia de Armando de Rostanges.

FELISA

I

El pueblo más insignificante y remoto de Honduras fue el que escogió Andrés Rosal, el célebre poeta y violinista, para su temporada de salud, impuesta por los médicos. Sufría de una extraña enfermedad nerviosa, que le retuvo inmóvil durante un mes, y que le dejó sin voluntad y sin acción, presa de un horrible tedio. Sus intensas pasiones de antaño —la poesía y la música—, que le dieron fortuna y renombre-, le inspiraban ahora absoluta indiferencia. Hasta el amor, para el que se sentía dotado de un poder excepcional, y que fue para él una perenne fuente de profundos goces, no le atraía ya, en ninguna forma, hacia sus sirtes encantadas. A los treinta años, rico, de noble presencia, se extinguía en un ocaso sin gloria.

Casi hundido en un caos mental, reaccionó con vigoroso esfuerzo. Reuniendo todo su dinero, dispuso de su equipaje, y sin decir a nadie para dónde partía se alejó de la capital. Con la discreción de un misántropo ávido de soledad, pudo averiguar que en el pueblecito de U***___ apenas citado en una guía geográfica por la sedante eficacia de su clima y de sus aguas —nunca hubo oficinas, ni escuela, ni comercio de ninguna clase. Sólo cuatro viejas casas rodeando una vetusta iglesia, en medio de compactos pinares y verdes llanuras, por donde serpenteaba un río de claras corrientes.

II

Doce largas jornadas le condujeron a las frías cumbres de la cordillera, en donde aspiró con delicia el aire balsámico, anegándose en los esplendores de la naturaleza.

En un lento anochecer, al final de una curva de la áspera cuesta, U*** apareció en la hondonada.

Un son metálico vibró en el espacio. Andrés detuvo su caballo para oírlo mejor.

—Es el toque de oración —dijo el criado, quitándose el sombrero.

III

Gratamente le impresionó la casa que el alcalde le tenía preparada, sobre todo su extenso corredor cubierto de enredaderas.

Ocupó varios días en ordenar en los cuartos los innumerables objetos de sus baúles y valijas. Cuanto poseía estaba allí. Su equipaje era como para una excursión por Indochina y anulaba toda idea de regreso. En verdad, él pensó que moriría pronto y no quiso dejar ningún recuerdo personal tras de su paso. Le asediaba una certidumbre amarga: la de sentirse extranjero en su patria; aislado en ella de toda comunión fraternal, visto con recelo y con envidia. Sin embargo, ni por un minuto le halagó entonces el impulso de partir de Honduras. Sus continuos viajes le hicieron odiosa la compleja vida de las metrópolis, tan falsa, tan frívola, tan anónima. Vida de versátiles apariencias, de burdos prejuicios, de hipocresías abominables. Él era un hombre de otras épocas, un espíritu refractario a las normas sociales, hermético para lo que no fuera belleza, verdad, sinceridad; un hombre a la antigua, nacido para realizar imposibles empresas.

Se acercó a la abierta ventana de su dormitorio, que caía sobre una callejuela, y por primera vez miró el pesado caserón de enfrente, que parecía de una sola pieza de granito, y que se alzaba, con imponencia extraña, sobre las edificaciones vecinas.

En la vasta pared ennegrecida por el tiempo sólo se veía un rústico balcón altísimo, rodeado de geranios rojos.

Una vaga emoción inexplicable, el presentimiento de un próximo cambio en su destino, enardeció su voluntad.

Tomó de un armario su violín olvidado... y cuando el reloj de la sala vibró doce veces, apagó el quinqué y volvió a la ventana.

En el hondo silencio surgió un sonido tenue, ágil, ligero, con la limpidez de un hilo de cristal. Calló, multiplicándose luego en un ramillete de etéreas melodías, que se deshojó lentamente en un largo suspiro. Se alzaba hacia las tristes estrellas, descendía en una escala de sonoridades argentinas hasta languidecer en una caricia de sedas ilusorias. Un ritornelo amoroso y doloroso parecía dar la muerte en cada intensa repetición.

Íntima y pura, la música angélica sonaba en el silencio; y cuando éste reinó de nuevo, una suave claridad doró el alto balcón, y un ramo de rosas cayó sobre la ventana de Andrés.

IV

—Un sueño —pensó, entre la vaguedad del despertar.

Pero las flores estaban allí, en el vaso de plata. ¿Qué incógnito misterio se agitaba en su derredor? ¿Qué sorpresa trascendente?

Sentíase renacer. El espejo atestiguaba que su palidez iba desapareciendo. La salud volvía. Resurgió su interés por los bellos libros, por la música, por las inmutables formas estéticas. Escribió una suave poesía panteísta, en un metro original de perfecta estructura.

V

A la misma hora de la noche anterior, Andrés ejecutó en el violín algunos fragmentos clásicos. Se desgranaron los ritmos de oro bajo la mano magistral; y ascendieron en la honda quietud hasta el balcón, que se abrió sin ruido en la sombra.

En vano esperó que se iluminara. Ya se retiraba entristecido cuando se oyó el preludio de un piano. Y escuchó, con el ánima suspensa, una romanza deliciosa, que fue su favorita en el antaño remoto. Recogió, una por una, las notas cristalinas. Y al concluir la repitió en el violín, poniendo su alma entera en la ejecución. Vio en la altura flotar un pañuelo. ¿Era un signo de reconocimiento o un adiós?

La pequeña sirviente llegó hasta el sillón en que Andrés leía.

—El almuerzo le espera. Yo me llamo Paula. ¿Quiere el señor decirme su nombre ?

—Ya lo sabes. Recuérdalo.

De pronto le hizo la pregunta que retenía en su corazón. ¿Quiénes habitan la casa de enfrente?

—¿El castillo? Así le llaman en el pueblo, por viejo y por grande. Fuera de las criadas sólo viven en él dos personas: doña Amalia y la señorita. Eran tres; pero la hermana mayor murió. Es una casa enorme, con patios cerrados por paredes altísimas.

—¿Y cómo se llama la señorita ?

—Se parece a la Virgen del Carmen que está en el altar. Su nombre es Felisa y tiene veinte años.

Más tarde, su amigo el alcalde completó los datos.

—Son extranjeras. Doña Amalia es viuda de un caballero distinguido, que fue riquísimo. Perdió su fortuna en un negocio audaz, y cuando murió sólo poseía este caserón y una hacienda de ganado. Su mujer tuvo que trasladarse a este pueblo con sus pequeñas hijas Matilde y Felisa. Matilde falleció repentinamente hace tres años. Felisa está todos los días más linda...

—Cuénteme algo más. Me interesa su relato.

—¡Cuidado! ¡Cuidado! La muchacha es un primor y creo que no hay otra más bella en Honduras. Ni más juiciosa y recatada. Jamás ha salido de U*** y de su casa apenas a la iglesia y siempre con su madre. Es un ángel, tan inocente como un niño. Instruida en labores y música, eso sí, porque doña Amalia y su hermana doña Rosa enseñaron a las pequeñas todo lo que debe saber una señorita. Un joven comerciante de Guatemala, que pasó por aquí en una Semana Santa, y que vio a Felisa al salir del templo, quedó deslumbrado. La pidió en matrimonio; pero ella contestó que no se casaría nunca. Aunque no se relacionan con nadie, todos las respetan y quieren por piadosas y caritativas. En dádivas para los miserables se ha ido gran parte de su caudal. Sin embargo, todavía gozan de regular fortuna, que ojalá el cielo les conserve.

VII

Continuaron las serenatas a la luz de una luna esplendorosa.

Pero una noche el balcón permaneció obstinadamente cerrado. Y así continuó en las sucesivas.

Andrés, herido en su esperanza, veía llegar la hora ilusoria con el corazón atormentado. Fue inútil que arrancara del dócil instrumento las voces más conmovedoras...

Durante mucho tiempo el insomnio le martirizó y también el sueño fugaz con pesadillas pobladas de hórridos fantasmas. La neurastenia, solamente apaciguada en su organismo, le aferró de nuevo con su fría garra. Se vio perdido en un lóbrego mundo de crueles desolaciones. Así se lo expresó a Felisa en una carta palpitante de angustia.

Inesperadamente, en una obscura mañana, al terminar el otoño, una fiebre cerebral calcinó su cuerpo, liberándolo de la conciencia de su miseria fisiológica y del naufragio de su espíritu.

Por mandato de su madre, que cuidaba al enfermo, Paula corrió al castillo, en demanda de socorro.

Sin perder un minuto, doña Amalia le hizo transportar a la mejor habitación de la gran casa, y envió por un médico que casualmente residía en la hacienda cercana.

La vida de Andrés osciló, suspensa de un hilo sutil, en el vacío de la muerte. Muchas veces pareció romperse; pero resistió. Y a la tercera semana sobrevino a convalecencia.

VIII

Atendiendo las súplicas de Felisa y doña Amalia, permaneció Andrés en el castillo, sin valor para ausentarse un momento de su gratísima hospitalidad.

Tres meses hacía que le condujeran agonizante, y en tan breve lapso su vida y su porvenir cambiaron totalmente.

Era feliz hasta el límite último en que puede serlo un hombre en este mundo. Era feliz hasta sentir pavor del mañana, miedo de su ventura, perenne inquietud ante las súbitas traiciones de la suerte. Amaba con una vehemencia que casi constituía un dolor, con una ternura tan grande que amenazaba romper su corazón. Y se sentía amado con tal intensidad, con un amor tan ciego y absoluto, que, en ciertas horas, su alma se agitaba en su cárcel con espanto. Él comprendía la selección de sus temperamentos por aquella extraordinaria capacidad de amar que sobrepasaba a toda humana potencia. Temía, por misterioso pero seguro instinto, que su pasión no podría contenerse en cauces normales; que, por su mismo ímpetu vital, tendría que perecer violentamente, o calcinar, con lento ardor, si no sus espíritus, la carne perecedera que los envolvía.

IX

Tenía veinte años, y su belleza impresionaba profundamente hasta a los seres más ínfimos, hasta a los irracionales, hasta a las más insignificantes y miserables formas vivientes. Su hermosura se escapaba a toda literal descripción. Cualquier retrato suyo habría sido inferior a su presencia. Porque lo que en ella valía primordialmente era la expresión espiritual, el calor del alma irradiando de su ser físico, como el perfume de la flor que lo contiene. Esbelta y blanca, magníficamente formada, con un rostro delicioso en que el negror de los ojos resplandecía, y asombraba la gracia tierna y carnal de la boca encendida; con una cabellera profusa y ondulada, que parecía de seda negra... era verdaderamente preciosa en cada uno de los detalles de su corpórea encarnación. Grave y dulce, su sonrisa seductora iluminaba sus palabras o sus silencios. Y su espíritu y su pensamiento, en su esencia más noble, correspondían a la perfecta estructura en que palpitaban.

X

Todo el pueblo se impresionó, al verlos pasar, como dos novios, en aquella tarde azulada.

Subieron a la colina en que se alzaba, rodeado de pinares, el cementerio, a depositar frescas rosas en el sepulcro de Matilde.

Cerca del mausoleo, en cuya plancha metálica se leía el nombre fraternal, se sentaron conmovidos.

Las magnificencias del crepúsculo fulguraban en el horizonte. Ella repetía mentalmente unos versos tristísimos de Andrés, que impresionaron su espíritu:

Doraba la necrópolis
la quimérica luz del plenilunio

Dos lágrimas rodaron por sus mejillas. Quiso él consolarla; pero su voz temblaba, obscurecida por el presentimiento.

—Lloro por ti, por mamá, por Matilde, por mí. Amigo queridísimo, moriré muy pronto. Lo sé. Nada me digas. Vendrás, en una noche de martirio, a acariciar con un adiós mi sueño, con aquella divina serenata que fue como el primer suspiro de nuestro amor.

XI

Pero aquella nube negra pasó, ofrendándoles la primavera sus dones perfumados. Se cubrían de flores de fuego las acacias y los durazneros de sonrosados brotes.

Ella le cogió las manos y se quedó mirándole como a un ser extraño y fantástico...

—Me parece mentira que seas tú Andrés Rosal, mi lejano amor de la infancia, que Matilde tanto admiraba. No te imaginas cuántas veces soñé contigo cuando tenía doce años, después de oír a mi hermana leer, con su voz tan simpática, alguna de tus bellas narraciones. Pienso... que estoy viviendo un sueño azul como en los cuentos. Y en las mañanas tiemblo en cada despertar.

La oía con un placer saturado de inquietud. Recogía aquel acento cálido con la certidumbre de que pronto sería un eco en la sombra.

—¿Y yo qué pudiera decirte? Estaba muerto, perdido sin esperanza, cuando tu amor me hizo renacer. Y mírame aquí ahora, en plena salud física y moral; feliz como nadie lo fuera jamás.

XII

—Andrés, hay algunas páginas de tus libros que me obsesionan. De tu poema *Princesa imposible* son estas palabras, que hoy me producen unos celos absurdos: *Audacia inútil y profanadora sería intentar describirla. Porque no puede jamás detallarse lo que está por encima de toda imaginación, lo que supera a los sueños, lo que se prolonga más allá de la fantasía. Era sencillamente maravillosa, con una con una perfecta forma de belleza cuyo molde se va perdiendo en la sucesión de los siglos. Tipo fulgurante de una raza egregia, flor insólita de una estirpe divina, parecía surgir de una ascendencia de dioses. Como al forjar los cráneos de los genios la naturaleza reconcentra su magno esfuerzo— para crear aquella virgen seguramente agotó su genial potencia y todos los recursos secretos de su energía inmortal.*

Nunca su orgullo de pensador y de estilista vibró con mayor seguridad de su fuerza como en aquel minuto en que la voz apasionada de Felisa sonaba en su interior como el himno de una definitiva consagración. Se sintió crecer dentro de sí mismo y capaz de superarse aún, traspasando el horizonte de su mayor ambición. Le ofuscó una violenta llamarada de triunfo, un vértigo alucinante, un ímpetu sobrehumano...

Cerró los ojos, vencida su materia frágil por aquel deslumbramiento. Al abrirlos, tomó las dos manos queridas y las apretó contra su frente.

—Me exalta, me engrandece tu pasión hasta hacer delirar a mi orgullo. ¿Qué tienes en la voz, en las pupilas negras, en tu leve sonrisa, en toda tu persona, alma mía, para que me embriagues y me ilumines y me ilusiones hasta lo inconcebible, duplicando mi don de crear y percibir la hermosura y enardeciendo mi entusiasmo hasta sobrepasar mis más grandiosos sueños?

Con aquella grave expresión, con aquella serena suavidad en que sentía Andrés algo de maternal en su ternura de amante, lo miraba, feliz... Y lentamente acarició sus cabellos...

—Nada —dijo—. Sólo mi amor.

Cuando Andrés suplicó a doña Amalia que fijara la fecha de la boda la señora tembló...

Lo condujo a una estancia en el extremo de la construcción interior y de cuyas paredes colgaban los retratos de la familia, cubiertos con una tela gris.

—Andrés —comenzó ella a decir con la voz insegura—, lo quiero como a un hijo. Jamás me imaginé que yo, con mi severa educación religiosa, y con mi carácter frío y taciturno, ajeno a toda confianza y cordialidad con gentes extrañas, iba a retener en mi casa, en relaciones de amor con mi propia hija, a un hombre como usted, doblemente peligroso por su bella figura y por su fama literaria. Y digo retener porque yo le he rogado varias veces que no se vaya... y peligroso, aún más que por las condiciones generales expuestas, porque se trata de un caso concreto... Porque Felisa sentía por usted, a la distancia, una admiración que rayaba en un sentimiento más íntimo. De cierto que nunca pensó usted, al arribar a este pueblecillo obscuro, que en él había un hogar que le fuera tan adicto. Matilde y Felisa leyeron y releyeron sus libros. Y no debe sorprenderse: ellas contaron entre sus ascendientes con varios hombres, y hasta con una mujer, ilustres en las letras españolas. A esto hay que agregar que soy profesora, que les enseñé cuanto sabía, y que tuvieron, además, una institutriz superior, mi hermana Rosa, que las preparó para la vida social con todo género de conocimientos. Créame que en ningún colegio europeo habrían tenido una instrucción y una educación mejores que las que recibieron en el pueblecito de U***.

Andrés la miraba.

—Sé lo que va a preguntarme... ¿Para qué esa educación tan esmerada, si no pensábamos salir nunca de este lugar? Pues... porque, de cualquier modo, era mejor que la tuvieran; porque para mí constituía un placer educarlas y porque cuando vino Rosa proyectábamos un viaje a España. Después nuestra fortuna disminuyó, quedamos casi pobres, imposibilitadas para movernos. Aunque la verdadera causa de nuestra permanencia aquí... Este es el terrible secreto. ¿Nada le ha dicho Felisa?

—¿Se refiere a su certeza de morir muy joven?

—Sí, a esa negra pena que, instante por instante, amarga mi vida. Se procuró, con toda clase de cuidados, ocultarles su destino; pero esto sólo se consiguió a medias...

—¿Usted cree ciegamente...?

—¿Cómo no he de creer si la tremenda sentencia no ha fallado jamás? Fíjese, Andrés: grábese bien mis palabras. Pedro se casó dos veces. Con su primera mujer tuvo tres hijos. Mírelos.

Y le mostró tres retratos fijos sobre la pared de la izquierda: una muchachita morena y dos gallardos adolescentes.

—Los tres murieron antes de cumplir veintiún años, ignorantes de la maldición que pesaba sobre ellos. Luego le llegó su turno a mi Matilde, que se extinguió poco antes de llegar a aquella edad. Y hoy... (la pobre mujer rompió en sollozos). No duermo, no tengo un minuto de calma, esperando, esperando...

Andrés se estremeció.

—Ningún detalle me dio Felisa sobre esta amenaza siniestra... Sólo me ha repetido que morirá muy joven.

—¿Muy joven? ¡Si apenas le quedan algunos meses de vida! Dios mío, Dios mío, ¿cómo puedes tolerar estas injusticias? ¿Por qué herir, en plena ilusión, a una criatura tan inocente y preciosa, arrebatando su última alegría a una madre infeliz?

—¡Pero eso no sucederá! —gritó Andrés, exasperado por aquel dolor y por su propio dolor—. ¡No sucederá, no puede suceder! Los otros han muerto así porque no gozaron de un profundo amor que los retuviera, que triunfara del poder maléfico que los hundió en la sombra.

—No. Algunos, dos entre ellos, eran dichosos y su felicidad no les libró de su destino.

—Mi pasión salvará a Felisa, con la ayuda de Dios... ¿Y qué explicación se dio a ese tenebroso misterio?

—No sé, no sé... Parece que un gran médico francés, a quien Pedro consultó, hizo un estudio de este caso extraño, encontrándole una causa científica, Pero yo creo que se trata de algo siniestro, de alguna terrible maldición que extinguirá la raza de los Albaredas. Y Felisa es el último vástago de esa raza.

—¿Y cómo don Pedro realizó otro matrimonio, encontrando quien le amara en tan extraordinarias condiciones?

—Esperaba también esa pregunta. Pedro poseía un marcado temperamento amoroso... y era un hombre de hogar. De carácter alegre y optimista, sólo atendía al presente: el pasado y el porvenir no le preocupaban. ¿Que cómo encontró quien le quisiera a pesar de la fatalidad que pesaba sobre él? Pues yo creo que esa misma fatalidad constituía una de sus atracciones. Por lo demás, ¿quién le habría resistido? Era el hombre más hermoso y seductor con quien pudiera soñar una princesa. Aquí le tiene en el último año de su vida.

Levantó la cortina del mayor de los retratos y apareció un guapísimo caballero de porte arrogante, magnifico en su altivo gesto señorial. La soberbia cabeza se alzaba interrogativa: y la mano derecha, sobre el grueso pomo del bastón, daba una idea precisa de fuerza y de dominio. Todo él respiraba grandeza y audacia cautivadora.

—Y así como era espléndido de cuerpo, era espléndido de espíritu: valiente, generoso, tierno y delicado en el amor... ¿Quién hubiera podido resistirle? Todos sus hijos fueron bellos; pero ninguno como él.

XIV

A Andrés le parecía vivir dentro de un mágico sueño. La vasta residencia, el paraje en que se desarrollaba su doloroso amor, la perpetua inquietud del futuro, le producían la sensación de una existencia ilusoria gozada en el umbral de la eternidad.

En una noche de insomnio en que la claridad lunar penetraba en su cuarto plateando los objetos y tejiendo sutiles velos blancos sobre las paredes, creyó oír un débil gemido cerca de su corazón. Se incorporó y escuchó. Nada. ¿Era su yo recóndito, quebrantado por sombríos augurios o las quejas del viento entre los eucaliptos?

Las ideas lóbregas le asediaban como nunca. Se vistió y tomando el violín bajó al patio El piso de piedra parecía un pequeño lago de jaspe. Camino sumiéndose en las sombras, cruzando los claros argentinos. Un silencio mayor que todos los silencios impregnaba las cosas de fúnebre solemnidad. Sintió crecer su amor en aquella atmósfera de muerte y una nueva desesperación le anegó en sus oleadas de amargura.

—Ella quizá no sabe que nuestra esperanza es sólo una nube azul, un sudario florido, un fulgor de crepúsculo para iluminar su tumba!

Estas palabras, surgidas de sus entrañas, se clavaron como espinas en todos sus poros; y su cruel dolor vibró en su espíritu y en su brazo cuando el arco rozó las cuerdas.

La serenata que compuso, síntesis suprema de un adiós a la vida y de una salutación al más allá; la melodía de su tormento, voz inicial en aquella última etapa de su destino, sollozó en la noche con mortal desolación.

Se quejaba ahora, en el ritmo obsesor, la desventura de un castigo sin causa, la protesta contra una pena inmerecida: y, en el *leitmotiv* angustioso, la súplica ardiente, la imploración de un divino milagro. el ruego humilde a la Omnipotencia demandando piedad.

Lentamente se extinguieron los sonidos celestiales en el aire constelado. De nuevo, mirando la ventana de Felisa, creyó Andrés escuchar el gemido cerca de su corazón.

XV

Aquella voz imperativa que en su primera juventud le precipitó en la acción temeraria, sonó en su conciencia en el primer día de mayo. Las antiguas palabras dominadoras —que fueron como el lema sempiterno de su escudo— golpearon con la fuerza de un poderoso martillo su voluntad entumecida y vencieron su abulia pertinaz. Una súbita energía calentó su sangre y ascendió por todo su ser hasta culminar en el pensamiento que fijó su resolución de ser feliz a todo. trance.

—¡Toma tu dicha donde la encuentres! —le gritaba impaciente la voz alucinante—. ¡No retardes un minuto la posesión de tu felicidad! La hora que pasa, bien lo sabes, no vuelve nunca, e insensato es quien no se apresura a gozar del presente. Se arrepentía ahora de haber malogrado los ocho meses últimos en un devaneo romántico, expuesto a las sorpresas de la muerte, en vez de fijar definitivamente su vida.

¿Y por qué gemir ante una amenaza quizá ilusoria? ¿No podría quebrantarse la fatídica regla, romperse el sino maléfico? No estaría Felisa destinada, por su celeste piedad, por su resignación en la desgracia, por ser la postrera víctima, a recibir el divino perdón? ¿Y no se sumaría, en primer término, para lograrlo, el martirio de una madre en cuyo cerebro el dolor empezaba a hacer fulgurar los hórridos fuegos de la locura y del espanto?

Por la ventana vio a la joven, vestida de blanco, leyendo a la sombra de los naranjos; tan linda, tan primaveral, con una rosa purpúrea en los cabellos; más seductora, más grata, más mujer, como si la pasión que sentía e inspiraba tuviera la virtud de aumentar sus encantos.

Andrés se acercó por detrás ligeramente y derramó sobre la cabeza adorable una lluvia de jazmines. Se volvió sonriendo y se puso de pie con aquella dulce gracia que la hacía aún más preciosa. Y pasearon por el verde naranjal que, estremecido por las brisas, les arrojaba sus azahares fragantes.

XVI

Se casaron en aquel mes cálido de noches azules, en que el campo se viste de colores y el aire está colmado de aromas.

Andrés conoció entonces la absoluta felicidad. El sufrimiento, la hostil acechanza, nada podrían contra él. La muerte misma podría acortar su divina embriaguez, destruir su prodigiosa ventura, pero no matar el pasado ni suprimir el recuerdo....

—Tengo miedo, amor mío —suspiraba Felisa, dominada por el obscuro avance de las fuerzas enemigas en las inconscientes horas del reposo—. Mientras estoy despierta, mi voluntad de vivir rechaza todo negro propósito de la suerte; pero cuando duermo siento sordamente, en una continua pesadilla, la persistencia del trabajo destructor. Así, cada despertar sobre tu pecho es como una luminosa resurrección.

Él la reconvenía dulcemente, acariciándola como a un niño sensible.

—No te atormentes, no sufras por lo que no existe. Creo, con profunda fe, que el porvenir sólo nos ofrecerá gratísimas realidades.

—Tengo miedo —repetía, haciéndole evocar la misma emoción pavorosa que antes le asediaba—. ¡Somos demasiado felices! ¡Y quizá no merezcamos esta dicha!

XVII

La música los alucinaba con su fascinación quimérica. El violín y el piano unían sus voces para exaltar los movimientos de sus almas en himnos de placer y de triunfo o para gemir en las tinieblas del dolor sin esperanza.

Las expresiones intermedias del arte divino también encontraban en ellos seguros intérpretes. Obras clásicas y composiciones ligeras de vida fugaz —pero que resumían la emoción de un minuto de ensueño— surgían de los instrumentos, unánimes como sus corazones.

Ambos poseían la aptitud primordial, el don sagrado, el estudio paciente y metódico para el perfecto dominio de las obras maestras; y la calidad intrínseca para expresar, en el idioma armonioso, las alegrías o tristezas de sus propios espíritus. Así, cada uno cultivaba sus creaciones íntimas, su repertorio personal, reducido, pero intenso;

y era en estas breves melodías en donde su lírica fuerza y su pasión humana, y la substancia divina que existe en todo ser superior, se aunaban en celeste consorcio para cantar y llorar las diversas emociones de sus almas profundas. Él compuso para ella algunas poesías de factura romántica, que por su imprecisa levedad y su misterio nocturno, evocaban las tristes baladas nórdicas. Felisa las decía con imponderable encanto, idealizándolas en el piano, poniendo a cada palabra su equivalencia musical.

Eran las preferidas entre sus ejecuciones. Y fue tan poderoso el esfuerzo que su psiquis concretó en la unión de la letra y la armonía, que al producirse ésta sin el recitado, claramente brotaban de las notas las bellas palabras.

XVIII

Soñó Andrés que Felisa agonizaba lentamente de un mal sin dolor, en plena conciencia de su próximo fin. Y él también moría de angustia, en una callada desesperación, sin separarse de la cabecera de la moribunda, que abrió los ojos sin luz, en una fría medianoche, y estrechando contra su seno la cabeza del desventurado, le susurró con una voz que ya no era de este mundo:

—Andrés, harás un viaje, mi alma... Procura vivir... Olvidar... Olvidar...

Sus propios sollozos lo despertaron. Y viendo a la joven profundamente dormida a su lado, rebosante de salud y belleza, una alegría formidable conmovió su alma.

Se serenó, pero no durmió más, en una feliz inmovilidad, con el pensamiento brillando alrededor de un deseo súbito, de un proyecto que le asaltó de pronto, imperativo, inaplazable.

Al amanecer se vistió sin ruido y regresó con un gran ramo de rosas frescas. Ella le esperaba inquieta. Riendo, la cubrió de pétalos de colores. En los brazos la levantó del lecho, y la retuvo así contra su corazón, cálida, tierna y fragante, en un largo beso bajo la cabellera maravillosa.

—Amor mío, partiremos para Europa. Necesitamos salir de este medio ambiente de misterio, nocivo a nuestros espíritus apasionados. Deseo gozar contigo de la hermosura del mundo, del esplendor de la civilización, de la magia del mar. Visitaremos Francia. Italia, Grecia; y después nos radicaremos en tu patria. Hace días que me domina este anhelo de viajar. Soy rico, somos ricos, y la vida nos abre todos sus horizontes. Espero que tú y doña Amalia me secundarán en este proyecto.

Felisa le escuchó sonriendo, encantada de su entusiasmo.

—Yo sólo deseo lo que tú deseas. Contigo seré feliz en cualquier sitio de la tierra. Mamá va a recibir esta noticia como una gratísima sorpresa. Anhela vivamente regresar a España; pero nunca habla de ello, por considerar ese sueño irrealizable. Y... porque le produce una honda pena, como a mí, la idea de alejarnos siempre del sepulcro de Matilde.

Él objetó:

—Cuando transcurra el tiempo legal trasladaremos sus restos al mausoleo familiar, junto los de tu padre.

XIX

Sentados bajo los árboles, doña Amalia y Andrés hablaron extensamente.

—Soy muy dichosa, cuanto pudiera serlo con la amarga idea de que abandonaré, por algún tiempo, a mi querida muerta. Pero tiene usted razón, Andrés: es preciso alejarnos de estos sitios peligrosos para nuestras almas, sobrecogidas de visiones sombrías y de negros presentimientos. Aunque mi corazón de madre me dice que, por la gracia de Dios, ha desaparecido la amenaza misteriosa que pesaba terriblemente sobre nosotros. A ella, valiéndome de todos los recursos a mi alcance, le oculté siempre la fecha exacta de su nacimiento, para ahorrarle en el futuro, si acaso llegaba a conocer toda la verdad, algunas semanas de. angustia... Hoy hace un mes que cumplió sus veintiún años. La clemencia divina rompió el fúnebre pronóstico...

Andrés, con intensa emoción, sintió que el milagro era cierto.

—Rosa —terminó la señora— me escribe, llamándonos. Y para que todo coincida con nuestro deseo, he recibido propuestas aceptables para vender esta casa y la hacienda. En los días próximos solucionaré el negocio.

XX

Partieron al final de agosto. Desde la cima de la empinada cuesta, en el mismo lugar en que un año antes escuchara Andrés, al morir de la tarde, el toque de oración, contemplaron largamente, por la vez última, el paisaje inolvidable.

El sol se levantaba dorando las llanuras, las colinas, el río de claras corrientes, la iglesia, las viejas casas en la verde hondonada...

Pero los ojos llenos de lágrimas de los viajeros, en un silencioso adiós, convergían hacia los huertos del castillo, bañados por las primeras lumbres, y hacia el cementerio, cuyos altos pinos dominaban el valle.

Dos horas después aún se columbraba en la lejanía el paraje ensoñador: pero al volver un largo recodo, el pueblecito de U*** se ocultó tras un escarpe blanquecino de la cordillera.

www.ingramcontent.com/pod-product-compliance
Lightning Source LLC
Chambersburg PA
CBHW021222130626
46554CB00004B/1333